POEMAS SEL~~ECTOS~~

SELECTED POEMS

JIMMY SANTIAGO BACA

Also by Jimmy Santiago Baca from New Directions

Black Mesa Poems

Immigrants in Our Own Land

Martín and Meditations on the South Valley

Winter Poems Along the Rio Grande

Spring Poems Along the Rio Grande

POEMAS SELECTOS
SELECTED POEMS

JIMMY SANTIAGO BACA

A New Directions Book

Copyright © 1987, 1989, 1990, 2001, 2002, 2004, 2007, 2009 by Jimmy Santiago Baca
Introduction © 2009 by Ilan Stavans
Spanish translations © 2009 by Tomás H. Lucero and Liz Fania Werner
Copyright © 2009 New Directions Publishing Corporation

Design by Erik Rieselbach
Manufactured in the United States of America
New Directions Books are printed on acid-free paper
First published as a New Directions Paperbook (NDP1142) in 2009

Library of Congress Cataloging-in-Publication Data
Baca, Jimmy Santiago, 1952–
[Poems. Spanish & English. Selections]
Selected poems of Jimmy Santiago Baca = Poemas selectos de Jimmy Santiago Baca / Jimmy Santiago Baca ; translated by Tomás H. Lucero and Liz Fania Werner ; introduction by Ilan Stavans.
p. cm.
English and Spanish.
Includes index.
ISBN 978-0-8112-1816-0 (pbk. : alk. paper)
1. Mexican Americans—Poetry. 2. Rio Grande Valley—Poetry.
3. Baca, Jimmy Santiago, 1952—Translations into Spanish. I. Lucero, Tomás H.
II. Werner, Liz. III. Title. IV. Title: Poemas selectos de Jimmy Santiago Baca.
PS3552.A254A618 2009
811'.54—dc22   2009015089

10 9 8 7 6 5 4 3 2

New Directions Books are published for James Laughlin
New Directions Publishing Corporation
80 Eighth Ave, New York 10011

Contents

INMIGRANTES EN TIERRA PROPIA
IMMIGRANTS IN OUR OWN LAND (1990)

POEMAS DE INVIERNO EN LA RIBERA DEL RÍO GRANDE
WINTER POEMS ALONG THE RIO GRANDE (2004)

POEMAS DE PRIMAVERA EN LA RIBERA DEL RÍO GRANDE
SPRING POEMS ALONG THE RIO GRANDE (2007)

POEMAS SELECTOS

SELECTED POEMS

JIMMY SANTIAGO BACA

Introducción

Traducir la poesía de Jimmy Santiago Baca al español es como invitar a casa a un pariente distante con un conocimiento profundo de la historia familiar.

He leído a Baca en inglés por años. Recuerdo cuando cayó en mis manos su libro *Meditations on the South Valley* y quedé encantado. O cuando me topé con *Thirteen Mexicans* (que me recordó inmediatamente el primer libro de poemas de Wallace Stevens) y me maravillé ante la forma en que Baca rechazaba un estilo panfletario al confrontar el legado colonialista del Quincentenario en los Estados Unidos y otras partes del mundo. Durante mis visitas a Albuquerque, Baca y yo con frecuencia emprendemos largas caminatas en las cuales contrastábamos la tradición literaria norteamericana con la hispánica. En una caminata reciente hablamos de lo que implica que un autor novomexicano como él ser traducido al idioma de Pablo Neruda, que es un modelo y una inspiración para Baca. Entonces él repitió que ser latino es sentirse atado a la odisea de aquellas personas que son "inmigrantes en nuestra propia tierra," que es como Baca describe a la población mexicana del suroeste, cuyas raíces ancestrales al norte del Río Bravo se remontan muchos siglos y sin embargo sigue al margen de la cultura nacional que controla la élite dominante.

No cabe la menor duda que la lengua autóctona de Baca es el inglés. Su obra es increíblemente musical en este idioma. Tenemos la impresión que los espacios que existen entre las palabras son tan elocuentes como el mensaje que éstas ofrecen, en forma narrativa, a través de las secuencias poéticas que Baca construye tan bellamente. Por eso, a mi gusto es una labor monumental hacer que sus poemas estén igualmente vivos en castellano.

Además, es imposible ignorar el choque y la búsqueda de reconocimiento que manifiestan los varios registros del castellano en Nuevo México. La tensión entre ellos es poco conocida fuera de la región. Durante el período colonial, los misioneros católicos formaron comunidades lingüísticas que, por razones históricas diversas, siguen casi intactas hasta el presente. Esa característica ancestral hace que este español esté repleto de arcaísmos. Por ejemplo, se frecuentan términos como *enchulado* por enojado, *lengonear* por chismear y *suadero* para referirse al maletero donde se guardan las alforjas. Este vocabulario es utilizado por algunos habitantes de Nuevo México pero por nadie más en el mundo de habla hispana. Esta variante arcaica a veces coexiste — y, por ende, lucha por sobrevivir — con el spanglish que es empleado por los labriegos. En respuesta a la importación de inmigrantes mexicanos al estado en las últimas décadas, el spanglish es el vehículo de comunicación más usado por la comunidad latina. Baca conoce bien estas estrategias. Siempre que lo leo en inglés me es grato ver cómo, dependiendo el contexto, salpica sus páginas con ellas.

Introduction

Translating Jimmy Santiago Baca's poetry into Spanish is like inviting for a visit a distant relative with a deep knowledge of your family history to your home.

For years I've been reading Baca in English. I remember stumbling upon *Meditations on the South Valley* and being mesmerized. And admiring *Thirteen Mexicans* (it immediately reminded me of Wallace Stevens's first book of poetry), in particular the way Baca avoided being a pamphleteer while using the Quincentennial to confront the legacy of colonialism in the United States. During my stays in Albuquerque, Baca and I often take long walks in which we discuss the American literary tradition vis-à-vis the Hispanic. In a recent one we talked about what it would mean for a *novomexicano* like him to be translated into the language of Pablo Neruda, Baca's self-selected mentor. At the time he repeated to me that to be a Latino is to be connected with the plight of "immigrants in our own land," as he calls the Mexican population in the Southwest with centuries-old roots north of the Rio Grande yet alienated from mainstream culture by the white establishment.

Make no mistake about it: Baca's tongue is unequivocally English. His work is extraordinarily melodious in this language. The reader gets the sense that in between his words there are interstices speaking as loudly as what he conveys, in narrative fashion, through the poetic sequences he crafts so beautifully. Thus, to make his poems comfortable *en español*, I knew, would be a monumental task.

Plus, there is the treacherousness of the various Spanish registers competing for space in New Mexico. This competition isn't known outside the state. During the colonial period, the Catholic missionaries built linguistic communities that, for diverse historical reasons, remain, in their verbal features at least, somewhat intact in the present tense. Understandably, those features make for an *español* full of archaisms. Some examples are *enchulado* for angry, *lengonear* for gossip, and *suadero* for saddle blanket. This lexicon is used among some New Mexican speakers and nowhere else in the Spanish-speaking world. The archaic type of Spanish sometimes coexists — and, thus, struggles for survival — with the laborer's Spanglish that, as a result of the growth of Mexican immigrants to the state in the last several decades, has become the sine qua non of daily usage among Latinos. Baca is alert to these alternative choices. While reading him in English, I enjoy the way he sprinkles his pages with these varieties as context demands.

I must confess to have feared that such nuanced qualities might become casualties in Spanish translation. In fact, I was sure the tension between registers would emerge as an affectation, the translators unwittingly trying to show the pyrotechnics they are capable of. What predisposed me to worry was the record of English-language texts by Latinos (Junot Díaz, Rudolfo Anaya, Oscar Hijuelos, et

No puedo ocultar el temor que sentí por largo tiempo ante la posibilidad de que tales detalles se perdieran en la traducción de los poemas de Baca al castellano. De hecho, estaba seguro que este juego terminaría convirtiéndose un simple amaneramiento de los traductores que en su anhelo por demostrar sus capacidades creativas, deformarían el carácter de la poesía baquiana. El mío no era un temor arbitrario. Lo que me predispuso es el anaquel de esfuerzos catastróficos que en la década de los noventa aspiraron a traer al español los textos en inglés de un puñado de autores latinos (Junot Díaz, Rudolfo Anaya, Oscar Hijuelos, et al). Para poder traducir a un escritor dominico-americano, es fundamental encontrar un traductor sensible a su talento verbal, alguien capaz de encontrar el equivalente correcto en inglés a sus estrategias idiosincráticas. De otra manera uno termina describiendo las aventuras de un indigente muchacho de Nueva Jersey que habla spanglish como si fuera un madrileño.

¡Cuan equivocado estaba! El puñado de traducciones de los poemas de Baca que se incluyen en este volumen es hipnotizador. Su ritmo musical y su perfil de la realidad han quedado intactos. Me da la impresión que Baca es ahora más nerudiano que nunca. De alguna forma, su inclinación por enfocarse en los objetos mundanos (un automóvil abandonado, una botella de cerveza vacía, el tronco de un árbol caído) parece más nítida. Y la amplitud de su paisaje, el reparto de personajes que lo define, adquieren renovada urgencia. En inglés Baca inserta a los mexicanos y a los indios justo en el lugar que deben estar: al centro del escenario, un par de civilizaciones que han sido eclipsadas por fuerzas opresoras. Pero en español esa reinserción nos obliga a reconsiderar el mapa a través de un nuevo lente. Al mostrar que lo que ocurre en el norte no es distinto a lo que se lleva a cabo en el sur, Baca parece sugerir que la frontera entre México y los Estados Unidos se ha convertido en una abstracción, una quimera, un espejismo.

Esta subversión es inquietante. Digamos que yo sabía que Baca era un poeta whitmaniano en su interés por hacer que sus poemas sean un espejo en el que el rostros deformado de nuestra democracia imperfecta quede reflejado. Pero en español surge otra serie de resonancias. Un ejemplo de *Martín:*

> Ya
> tu idioma de lluvia no desgasta mis pensamientos,
> ni tu idioma de aire fresco de la mañana
> desgasta mi cara,
> ni tu idioma de raíces y flores
> desgasta mis huesos.

al.) being rendered into Spanish since the 1990s, with catastrophic consequences. To translate a Dominican-American writer, the imperative is to find a translator attuned to the author's linguistic characteristics, capable of finding precise equivalents to his idiosyncratic talent in the target tongue. Otherwise one ends up delving into the adventures of a Spanglish-speaking New Jersey boy as if he was a madrileño.

I'm thrilled to acknowledge how misguided my fear was. These translations of a selection of Baca's oeuvre are hypnotizing. His musical rhythm, his vivid descriptions come across vigorously. Baca feels more Nerudian than ever. The way he focuses on mundane items (a ramshackle car, an empty beer bottle, a fallen tree trunk) somehow seems more tangible. And the expansiveness of his landscape, the embrace of a wide assortment of characters, is more urgent. In English, Baca relocates *indios* and *mexicanos* where they belong: at center stage, two civilizations eclipsed by the banality of their oppressors. But in Spanish, such relocation forces the reader to rethink the geography through an altogether different lens. The U.S.–Mexico border, Baca suggests, becomes a chimera when the story being chronicled takes place in the north but is customarily perceived as belonging to the south. In other words, north and south don't exist.

This subversion of coordinates makes for provocative thoughts. For instance, I knew that Baca was a poet in the Whitmanesque vein, turning his verses into a mirror in which our imperfect democracy sees its deformed face reflected. But in the Spanish translations another series of resonances suddenly emerges. An example from *Martín:*

> Ya
> tu idioma de lluvia no desgasta mis pensamientos,
> ni tu idioma de aire fresco de la mañana
> desgasta mi cara,
> ni tu idioma de raíces y flores
> desgasta mis huesos.
>
> No longer
> does your language of rain wear away my thoughts,
> nor your language of fresh morning air
> wear away my face,
> nor your language of roots and blossoms
> wear away my bones.

Y:

> y yo rezaba en abalorios de grano de maíz azul,
> deslizados del pulgar a la tierra,
> mientras el tambor de piel de venado de mi corazón
> palpitaba suavemente y yo cantaba
>> toda tierra es sagrada,
>> toda tierra es sagrada,
>> toda tierra es sagrada,
>> toda tierra es sagrada,

Los ecos del seco horizonte andaluz de García Lorca son inevitables: "Llora monótona / como llora el agua." El lector tampoco puedo ignorar al autor de otro romancero, Miguel Hernández: "Tristes guerras / si no es amor la empresa." Puede que no incorpore la metonimia, la aliteración y el hipérbaton como lo hacen García Lorca y Hernández pero el animismo que Baca inyecta en la naturaleza es el mismo y también lo son la certeza con que explora el desliz emocional, el modo en que usa las palabras para construir un puente entre los mundos exterior e interior y para cantarle a los elementos mágicos de la vida, todo sin dejar de denunciar las injusticias de nuestra sociedad.

En breve, estas traducciones nos ayudan a entender mejor las posibilidades estéticas de Baca. Él siempre ha sido un poeta que le canta a las multitudes como sólo puede hacerse en este país. Pero ahora es obvio que su alcance va más allá: a través del velo que levantan estas traducciones, resulta claro que Baca está en casa en un idioma que no reconoce como suyo.

Dije al principio que leer a Baca en español es como invitar a que un pariente distante nos visite. Sobra decir que esa visita hace que veamos como nuevas las cosas que antes nos parecían tan íntimas.

—*Ilan Stavans*

And:

> y yo rezaba en abalorios de grano de maíz azul,
> deslizados del pulgar a la tierra,
> mientras el tambor de piel de venado de mi corazón
> palpitaba suavemente y yo cantaba
>> toda tierra es sagrada,
>> toda tierra es sagrada,
>> toda tierra es sagrada,
>> toda tierra es sagrada,

> and I prayed on beads of blue corn kernels,
> slipped from thumb to earth,
> while deerskinned drumhead of my heart
> gently pounded and I sang
>> all earth is holy,
>> all earth is holy,
>> all earth is holy,
>> all earth is holy,

The echo of García Lorca's dry Andalucian habitat is unavoidable: "Llora monótona / como llora el agua." Neither can the reader fail to notice another romancero author, Miguel Hernández: "Tristes guerras / si no es amor la empresa." He might not play with metonymy, alliteration, and hyperbaton like García Lorca and Hernández do, but the animism Baca infuses in nature, the acuteness he shows for the emotional turmoil, his use of words to bridge the outer and inner worlds, to sing to the magical powers of life while denouncing the injustices of society, is the same.

In short, these translations succeed in expanding Baca's catalog of esthetic parities. He has always been a poet of multitudes in the American way. But now it is obvious that his reach goes further: thanks to the unveiling of these translations it becomes clear that Baca is surprisingly at home in a tongue he doesn't claim as his.

I said in the beginning that Baca in Spanish is the equivalent of inviting a distant relative for a visit. Needless to say, I'm talking of the kind of visit that makes you look anew at things you thought you were intimate with.

—*Ilan Stavans*

MARTÍN &
MEDITACIONES SOBRE EL VALLE DEL SUR

MARTÍN &
MEDITATIONS ON THE SOUTH VALLEY

(1987)

de Martín

I

Pinos Wells —
ahora un pueblo abandonado.
La presencia de quienes vivieron
en estas casas de adobe que se están viniendo abajo
persiste en el aire
como un cuadro
suprimido
que deja su antigua presencia en la pared.

En el polvo de corral
los frascos de medicina
mantienen la luz solar oxidada
que secó este pueblo
hace 30 años.
Los cobertizos tiznados se oxidan
en púas diablas.
En las vigas del establo cuelgan
telarañas, tan intrincadas como los manteles que
abuelita tejía a crochet para los salones
de los rancheros adinerados de Estancia.
Ahora ella teje sedosos huevos de araña.

Mi mente rodea las cenizas cálidas de los recuerdos,
las imágenes con bordes oscuros de mi historia.
Sobre *ese* campo
barrí a mano
la tierra suelta e hice un fortín en las dunas.
Sonidos de ocio del caballo de Villa
alcé mi cuerpo y relinchaba a mala hierba.

Del orfanato mi tía Jenny
me llevó a Pinos Wells
para visitar a abuelita. Toda la tarde del sábado
sus dedos nudosos
abrían las páginas de los álbumes de fotos
como telones llamando a escena,

from Martín

I

Pinos Wells—
an abandoned pueblo now.
The presence of those who lived
in these crumbling adobes
lingers in the air
like a picture
removed
leaves its former presence on the wall.

In corral dust
medicinal bottles
preserve rusty sunshine
that parched this pueblo
30 years ago.
Blackened sheds rust
in diablito barbs.
In barn rafters cobwebs
hang intricate as tablecloths
grandma crocheted for parlors
of wealthy Estancia ranchers.
Now she spins silken spider eggs.

My mind circles warm ashes of memories,
the dark edged images of my history.
On *that* field
I hand swept smooth
top crust dirt and duned a fort.
Idling sounds of Villa's horse
I reared my body and neighed at weeds.

From the orphanage my tía Jenny
drove me to Pinos Wells
to visit grandma. All Saturday afternoon
her gnarled fingers
flipped open photo album pages
like stage curtains at curtain call

los extraños actores de mi familia mestiza
se inclinaban ante mí, vistiendo trajes vaqueros,
overoles de mecánico en los campos con azadones en las manos.

En la misa de las seis
con las manos apretadas cuchicheé
al Cristo encadenado con sangre en la cruz,
suplicándole que me diera la compañía de mi pasado —
entregándome a Cristo quien nunca diría a nadie
cómo, bajo el sol de la tarde en Santa Fe,
dormía el gallo y las hormigas negras
que formaron rosarios sobre el patio de tierra dura
cuando . . .

              El barrio de Sanjo,
                        los chucos estacionados
frente al puesto de hamburguesas de Lionel
para mirar a Las Muñequitas
paseándose en coche por la avenida Central,
con la emoción cromada de los Chevies '57
relampagueando en sus ojos.

En el callejón detrás de Licores Jack
los perros se pelean por un burrito
caído del bolsillo del abrigo de un borracho.
La ambulancia grita por la calle Edith
para entrar en Sanjo donde Felipe sangra whiskey rojo
por las heridas de cuchillo.

En la calle Walter
suenan los teléfonos en los departamentos de ladrillo rojo
mientras al otro lado de Broadway
bajo el puente Guadalupe
los gitanos vagabundos y los mexicanos toman Tokay.
Corridos —
    las sillas se astillan sobre pisos de cocina —
      las voces discuten en porches oscuros —
        las puertas se cierran con rabia de un portazo —
        las botellas de Seagram's se hacen añicos en la calle —

Quedé atrapado
en Sanjo, en mi propio cuerpo moreno,

the strange actors of my mestizo familia
bowed before me wearing vaquero costumes,
mechanic overalls and holding hoes in fields.

At the six o'clock mass
with clasped hands I whispered
to the blood shackled Christ on the cross,
begging company with my past—
given to Christ who would never tell
how under the afternoon sun in Santa Fe
the rooster slept and black ants
formed rosaries over the hard dirt yard,
when . . .

                    Sanjo barrio,
                              Chucos parked
at Lionel's hamburger stand
to watch Las Baby Dolls
cruise Central avenue,
chromed excitement of '57 Chevies
flashing in their eyes.

In the alley behind Jack's Package Liquors
dogs fight for a burrito
dropped from a wino's coat pocket.
The ambulance screams down Edith
into Sanjo where Felipe bleeds red whiskey
through knife wounds.

On Walter street
telephones ring in red-stone apartments
while across Broadway
under Guadalupe bridge
box-car gypsies and Mejicanos swig Tokay.
Corridos—
    chairs splintering on kitchen floors—
    arguing voices in dark porches—
      doors angrily slammed—
        Seagram's bottles shatter on the street—

I fell
into Sanjo, into my own brown body,

sin saber cómo nadar
mientras las lenguas azotaban una advertencia de rocío blanco,
de tormentas por venir,
                    yo recé.

De niño, en Santa Fe,
yo miraba los tractores rojos desmoronando la tierra,
el fuego negro de las sierras ovaladas
volteando a su paso una estela de hojas quemadas y tallos de mazorca,
mientras yo recogía comas verdes y rojas
de vidrios rotos en mi jardín,
y retozaba en barro de troncos-tumbas caídas de álamos
que echaban vapor en el amanecer junto a la zanja.
Entonces,
            se detuvo
                    el cuento de hadas de mi pequeña vida
cuando mamá y papá
me abandonaron, y gritaron los antiguos dioses serranos de mis sentimientos
en las cuevas de mis sentidos, y la planta de semillero de maíz que era mi corazón
se marchitó — como una lombriz fuera de la tierra,
surgí ante el mundo oscuro de la libertad.

Me escapé del orfanato a los diez años,
trabajé en el Taller de Metal en Planchas de Roger.
Abría la ventana para dejar que la brisa de la mañana
me refrescara mi cuerpo de niño, y espantara
los gorriones de su nido en el alféizar de la ventana.

En el Hostal Conquistador en la South Central
le hice el amor a Lolita,
y después de que supo su padre, Lolita
se cortó las venas
sentada sobre el inodoro, la sangre garabateándose
sobre el linóleo amarillo,
mientras su hermano me apartaba de un empujón, la subía,
y se iba con ella en coche, yo me despedí con la cabeza.

En la adolescencia
yo buscaba esa conexión oscura
de palabras transformadas en acciones, de sueños hechos realidad,
como la incursión de Tijerina en el juzgado,

not knowing how to swim
as tongues lashed white spray warning
of storms to come,
                    I prayed.

In Santa Fe as a boy
I watched red tractors crumble dirt,
the black fire of disc blades
upturning burned leaves and cornstalks in their wake,
while I collected green and red commas
of broken glass in my yard,
and romped in mud slop of fallen tomb-trunks
of cottonwoods
that steamed in the dawn by the ditch.
Then,
                the fairytale of my small life
                        stopped
when mother and father
abandoned me, and the ancient hillgods of my emotions
in caves of my senses
screamed, and the corn seedling of my heart
withered — like an earth worm out of earth,
I came forth into the dark world of freedom.

I ran from the orphanage at ten,
worked at Roger's Sheet Metal shop.
I'd open the window to let morning breeze
cool my boy body, and shoo
sparrows from their window ledge nest.

At the Conquistador Inn on south Central
I made love to Lolita,
and after her father found out, Lolita
slashed her wrists,
sitting on the toilet, blood scribbling
across the yellow linoleum,
as her brother pushed me aside, lifted her,
and drove her away, I nodded goodbye.

Teenage years
I sought that dark connection

de César Chávez y miles de braceros
soportando los cabos sangrientos de garrotes de policía
que les pegaban mientras ellos continuaban su marcha.

Yo saqueaba las tiendas del centro
en busca de abrigos que dar a mis amigos,
y la Guardia Nacional me asaltó con gas lacrimógeno
en el Parque Roosevelt cuando redujimos a cenizas
una patrulla.
Él le dio de garrotazos a una Chicana por haberles contestado.

En la West Mesa,
yo tomaba caminatas y estaba atento para ver si oía una canción
que me viniera a mí, una canción de una vida mejor,
mientras una vieja india navajo quedaba sentada en su guacal
y gemía con labios mojados a la botella de vino vacía,
delante del mercado de Louie
y los borrachos pegajosos se acercaban al sol al lado de la pared, tabaleándose,
gimiendo entre dientes súplicas para recibir dinero.

Los vatos en Barelas
se recargaban hacia atrás en sus chaquetones
contra el viento invernal, las caras templadas
con cicatrices, mientras traqueteaban por los callejones de guijarros
a la casa de su conexión.

En la Universidad de Nuevo México
los chicanos eruditos
arrastraban ideas cargadas de libros a la cama
y las hojeaban sin reposo
mientras yo dormía bajo los álamos
por el Río Grande
y me paseaba en coche con Pedro
tomando whisky por las montañas Sangre de Cristo
hasta que nos tirábamos en un cañón
por una curva cerrada y nevada una mañana de diciembre,
y yo llevaba su cadáver a una casa de labranza.

Meses después, me puse en camino al oeste
por la I-40,
en mi Karmen Ghia abollado.
Desesperado por comenzar de nuevo

of words become actions, of dreams made real,
like Tijerina's courthouse raid,
of César Chávez and thousands of braceros
enduring the bloody stubs of police batons
that beat them as they marched.

I ransacked downtown stores
for winter coats to give my friends,
and the National Guard gassed me
at the Roosevelt Park when we burned
a cop's car to the ground.
He clubbed a Chicana for talking back.

On the West Mesa,
I took long walks and listened for a song
to come to me, song of a better life,
while an old Navajo woman sat on her crate
and groaned wet lipped at the empty wine bottle,
in front of Louie's Market
and gummy drunks staggered to sun by the wall,
mumbling moans for money.

Vatos in Barelas
leaned into their peacoats
against winter wind, faces tempered
with scars, as they rattled down pebbly alleys
to their connection's house.

At the University of New Mexico
learned Chicanos
lugged book-heavy ideas to bed
and leafed through them sleeplessly,
while I slept under cottonwood trees
along the Río Grande
and cruised with Pedro
drinking whiskey through the Sangre de Cristo
mountains, until we hurled off
a sharp snowy curve one December morning
into a canyon, and I carried his dead body to a farm house.

Months after I headed West
on I-40,

la puesta del sol en la cara,
hablé con la Tierra —

>He estado separado de ti Madre Tierra.
>Ya
>tu idioma de lluvia no desgasta mis pensamientos,
>ni tu idioma de aire fresco de la mañana
>desgasta mi cara,
>ni tu idioma de raíces y flores
>desgasta mis huesos.
>Pero cuando yo vuelva, me convertiré de nuevo en tu niño,
>dejaré que me tomen tus manos verdes de alfalfa,
>dejaré que tus raíces de maíz se metan en mí
>y me entregaré a ti de nuevo,
>con la grulla, el olmo y el sol.

II

Me entregué a la autopista
como cuerda de campana en el viento
buscando una mano.

En Arizona,
la luz de patio del peón
rieló de color turquesa
en las lejanas ciudades rurales de cartón.

La autopista era una semilla negra abierta
en donde florecían pétalos de oscuridad,
el pelo negro enmarañado de lluvia nocturna
colgaba por encima.

Todas mis esperanzas en la vida
eran una carretera cerrada con piedras,
donde había dejado mi identidad
                    y mi familia.

Las noches se vuelven días
con la franja fija de una paleta de albañil,

in my battered Karmen Ghia.
Desperate for a new start,
sundown in my face,
I spoke with Earth—

> I have been lost from you Mother Earth.
> No longer
> does your language of rain wear away my thoughts,
> nor your language of fresh morning air
> wear away my face,
> nor your language of roots and blossoms
> wear away my bones.
> But when I return, I will become your child again,
> let your green alfalfa hands take me,
> let your maiz roots plunge into me
> and give myself to you again,
> with the crane, the elm tree and the sun.

II

I gave myself to the highway
like a bellrope in the wind
searching for a hand.

In Arizona,
fieldworkers' porchlights
shimmered turquoise
in the distant cardboard farm towns.

The highway was a black seed split
petals of darkness blossomed from,
black matted hair of night rain
hung down over.

Everything hoped for in my life
was a rock closed road,
where I had left my identity,
                and my family.

Nights turn into days
with the steady swath of a mason's trowel,

y el silencio se pega a mi corazón como mortero seco.
Yo imagino que mi mano de hombre
construirá una vida buena,
y a través de las millas yo me sueño
como un hombre diferente,

surgido del niño inocente
en Corrales, pizcando manzanas
debajo de ramas, envejeciendo, jalo
y agito, mientras las manzanas crujen a través del aire
cayendo en el pasto enmarañado por el tractor.
Llevo en el hombro mi costal de arpillera a la camioneta
y Don Carlos lo arroja arriba, una manzana
sobre otra.
Los días festivos del calendario católico
las monjas franciscanas nos llevaban en camión
a los parques de la montaña Jémez.
El viejo camión amarillo se ahogaba
'rededor de las curvas enredadas con árboles
y las amenazantes paredes de piedra,
las profundidades del cañón centelleaban mezquite
que envolvía cerros verdes entre cerros verdes,
hasta que en la cima, yo sumé
capas y capas de tendencia lejana de terreno polvoroso,
mientras la marcha del camión refunfuñaba
y las monjas nos molestaban
para que cantáramos oraciones, hasta tendernos cuesta
abajo
por una carretera de tierra a los soleados campos
donde hacíamos el picnic.

III

Por algunos años deambulé a lo largo del país,
y aquéllos que conocieron a mis padres
se me revelaron.

En un roble caído, los apéndices en el estanque,
se sentaba el viejo Pepín, que es manco —
"Martín, una tarde
tu padre y yo estábamos en la cantina El Fidel

and silence sticks to my heart like dried mortar.
I imagine my man-hand
will build a good life,
and through the miles I dream myself
a different man,

> sprung from the innocent child
> in Corrales, picking apples
> under aging branches, I tug
> and shake, as apples crunch through the air
> onto the tractor matted grass.
> I shoulder my gunny sack to the truck
> and Don Carlos heaves it up, appling
> on apples.
> Catholic holidays
> Franciscan nuns bussed us
> to Jémez mountain parks.
> The old yellow bus gagged
> round tree tangled curves
> and looming walls of stone,
> canyon depths flashed mesquite
> enfolding green hills between green hills,
> until at the mountaintop, I summed
> layers and layers of distant dustland drift,
> as the bus gear grudged and nuns nagged
> us to sing prayers, until we jolted
> down a dirt road to the sunny picnic grounds.

III

For some years I wandered cross country,
and those who had known my parents
came back to me again.

On a fallen oak, limbs in pond,
sat old one-armed Pepín —
"Martín, your father and I
were in the El Fidel cantina

con some broads.
You know, nos pusimos bien chatos.
Y luego Sheri, tu mom, entró.
No recuerdo lo que le preguntó a Danny,
pero dijo la broad con tu padre,
¿No que estaba crippled tu vieja?
Sheri empezó a llorar y without a word,
se volteó y salió."

Un día la voz religiosa de la ciega Estela Gómez
oscureció el aire.
"92 años mijito, ¿Qué pasó? Ya no habían más
fríjoles qué pizcar, ni cosechas que cargar en los trenes.
Pinos Wells se secó, como mis manos.
Todos se fueron a trabajar a otro lado. Yo me fui a Estancia,
con mi hijo Reynaldo.
Trabajamos para los gabachos de Tejas. Cargando
alfalfa, pizcando algodón a cincuenta centavos el surco.
¿Y Danny? La borrachera. ¿y Sheri? La envidia.
Así fue, Martín, con tu familia."

Envuelta en su sarape, la Señora Martínez
se jorobó hacia mí entre copos de nieve cayendo.
"Sheri temía ir a casa por su bolsa,
así que me mandó. My God, jamás olvidaré ese día,
mijo. Cuando abrí el clóset, ahí estaba Danny,
de pie con un cuchillo de carnicero en lo alto,
listo para matar."

Oí a la voz de Merlinda Griego
que llegaba desde el riachuelo. Era suave
como una hoja girando en la corriente de riachuelo.
"Lloraste harto Martín. My God how you cried.
Sometimes tu jefito te llevaba a la cantina Las Flores
donde yo era mesera. Él vino a verme. Tú jugabas
en el suelo con miniaturas vacías de whisky.
Estábamos en El Parque refrescando nuestros pies en el agua,
cuando tu madre se me acercó, gritó
que te había dado mal de ojo. Yo pensé que me iba a ahogar.
Who knows mijo, lo único que recuerdo
es que era celosa."

with unas viejas one afternoon.
Tú sabes, nos pusimos bien chatos.
And then Sheri, your mamá, walks in.
I don't remember what she asked Danny,
but la vieja with your father said,
I thought your wife was crippled.
Sheri started crying and sin una palabra,
turned and went out."

The religious voice of blind Estela Gómez
blackened the air one day.
"92 years mijito. ¿Qué pasó? There were no more
beans to pick, no crops to load on trains.
Pinos Wells dried up, como mis manos.
Everyone moved away to work. I went to Estancia,
con mi hijo Reynaldo.
Gabachos de Tejas, we worked for them. Loading
alfalfa, picking cotton for fifty cents a row.
¿Y Danny? La borrachera. ¿Y Sheri? La envidia.
That's what happened, Martín, to your familia."

Wrapped in her sarape, Señora Martínez
hunched toward me in the falling snow flakes.
"Sheri was scared to go home for her purse,
so she sent me. Dios mío, I'll never forget that day,
mijo. When I opened the closet door, there was Danny,
standing with a butcher knife raised high,
ready to kill."

I heard Merlinda Griego's voice
coming from the creek. It was soft
as a leaf spinning in creek current.
"You cried a lot Martín. Dios mío cómo llorabas.
A veces your jefito brought you to Las Flores cantina
where I waitressed. He came to see me. You played
on the floor with empty whiskey miniatures.
We were at El Parque cooling our feet in the water,
when your mother came up to me, screamed
that I gave you mal ojo. I thought she was going to drown me.
Quién sabe mijo, all I remember
is that she was jealous."

Un mes tras otro oí las voces.
Pancho Garza, gerente del Piggly Wiggly en Santa Fe,
"Yo le di fruta mallugada y cajas de galletas desmoronadas,
a veces un costal de harina. Danny se bebía la quincena.
Además, ella era buena cajera."

Desde atrás de una casa roja a la orilla del bosque,
Antonia Sánchez, la bruja de Torreón,
anunció,
"Where is your mom? A salvo de ese loco.
Se casó otra vez y tiene dos hijos. No,
no te puedo decir adónde viven."

Agarré los caminos rojos de lodo seco
bordados con cosechas bochornosas y bosques.
Doblándome por debajo de jarcias de brezo, carnada de gusano azul pendiendo
por sendas de venado, mientras yo saltaba
piedras de riachuelo, montaba cercas pandeadas a horcajadas,
hasta que encontré un estanque aislado,
atascado con totora, me batí hasta la orilla,
lancé mi sedal
las percas boquigrandes besaban círculos concéntricos cercanos,
mientras el sedal de nylon se hundía lentamente
en el agua. Yo pesqué
hasta más no poder ver zambullirse
mi carnada, hasta que la ribera contraria desapareció y la luna
se balanceaba en el agua negra,
una llama de vela en una ventana en la oscuridad.

Bocarriba en el césped, mirando a las estrellas,
me dije en voz alta,
me voy en la mañana.

Días después en el extremo norte de Texas
arde el polvo de la cosecha y los insectos olfatean
los guacales vacíos y las cajas de verdura
amontonadas contra los puestos de productos agrícolas.
Las alas de abejas acuñan grietas de guacales
pegajosos de puré de chile, y las moscas se atiborran
en cubos de estaño y zumban en las bolsas de papel
tiradas en el suelo de tierra llena de aserrín.
Al lado del puesto, los ásperos tráileres de ocho ruedas

16

Month after month I heard the voices.
Pancho Garza, Piggly Wiggly manager in Santa Fe,
"I gave her bruised fruit and crumbled cookie packages,
sometimes a sack of flour. Danny drank up her paycheck.
Besides, she was a good checker."

From behind a red house at the edge of woods,
Antonia Sánchez, la bruja de Torreón,
called out,
"¿Dónde está tu mamá? Safe from that madman.
Se casó otra vez y tiene dos niños. No,
no te puedo decir dónde viven."

I took red dried mud paths
bordered with sultry harvest crops and woods.
Bending under briar riggings, blue worm bait dangling
down deer trails, as I skipped
creek rocks, straddled sagged fences,
'til I found a secluded pond,
bullrush choked, I thrashed to the shore,
tossed my line out
big-mouth bass puckered water rings by,
as the nylon line rippled slowly down
on the water. I fished
'til I could no longer see my bait
plop, 'til the far shore disappeared and the moon
bobbed on the black water
a candle flame in a window in the darkness.

On my back in the grass, looking at the stars,
I said aloud to myself,
I'm leaving in the morning.

Days later in the Texas panhandle
harvest dust smolders and insects whiff
empty crates and vegetable boxes
stacked against produce stands.
Wings of bees wedge board bin cracks
sticky with chile mash, and flies gorge
in tin pails and buzz in paper sacks
dropped on the sawdusted earthen floor.
Alongside the stand, rugged eight wheelers

rociados con baba de papa, hierven a fuego lento hule caliente
y olores a grasa, los estantes laterales rezumando con las frutas aplastadas.

Tu partida me desarraigó madre,
corazón ahuecado de niño
tu ausencia rebajada
a un muñeco roto
en un desván de establo. La pequeña área quemada de la memoria,
donde debería estar tu rostro,
los anillos de luna que atraviesan
en cadena de eventos, rota
en mis sueños.

IV

La abuela Lucero en la mesa
fuma un cigarrillo Prince Albert
liado de un bote,
bebe a sorbos café negro de una taza de metal,
y absorbe horas de silencio
como el cielo de la pradera absorbe el humo de la hoguera.
La muerte pende sobre sus hombros
cuero de una vaca negra
colgado a secar sobre la cerca.
Alguna vez ella fue una acequia rebosante
donde sus cuatro hijos bebieron
como carneros cimarrones

Las conversaciones en su cocina
sobre mi madre, que oí por casualidad cuando era niño,
me hicieron olfatear por la puerta mosquitera para oír más,
como un coyote huele una cueva donde nació alguna vez.
Mis ojos y piel animal
temblaban de miedo. Me creé a mí mismo en el campo,
junto a la casa, donde la lagartija y el conejo
me respiraban al oído
sus historias de águilas y de puntas de flecha. Mi corazón
se hizo un arroyo, y mis lágrimas cortaron las hondas grietas
en mi cara de arena, cuando tía Jenny vino a llevarme lejos
de abuela. Con rocas en mis bolsillos

glazed with potato guck, simmer hot rubber
and grease odors, side-board racks oozing with crushed fruits.

Your departure uprooted me mother,
hollowed core of child
your absence whittled down
to a broken doll
in a barn loft. The small burned area of memory,
where your face is supposed to be,
moons' rings pass through
in broken chain of events
in my dreams.

IV

Grandma Lucero at the table
smokes Prince Albert cigarette
rolled from a can,
sips black coffee from metal cup,
and absorbs hours of silence
like prairie sky absorbs campfire smoke.
Death hangs over her shoulders
a black cow's hide
slung over the fence to dry.
She had once been a brimming acequia
her four sons drank from
like bighorn sheep.

Conversations in her kitchen
about my mother I overheard as a boy,
made me sniff around the screen door to hear more,
like a coyote smells a cave he had been born in once.
My animal eyes and skin
twitched with fear. I created myself in a field,
beside the house, where lizard and rabbit
breathed in my ear
stories of eagles and arrowheads. My heart
became an arroyo, and my tears cut deep cracks
in my face of sand, when tía Jenny came to take me away
from grandma. With rocks in my pockets

que la tierra había arrancado para mí como pan blando
para el largo viaje,
partí de Estancia para el orfanato.
                          Mientras conducíamos a través de las montañas Tijeras,
miré hacia atrás,
campos lejanos surcados con las pezuñas
de ganado y ovejas que pastaban.
El pelo canoso de mi abuela hasta las rodillas,
ella lo cepillaba y cepillaba cada mañana,
lo trenzaba, lo amarraba con un moño y lo envolvía
con un tápalo negro.
Las largas nubes grises colgaban sobre
el pueblo vía-de-tren desmoronándose—
entonces los relámpagos tronaron
como montones de madera nueva que se azotaban,
y la lluvia oscureció
las grietas de yeso de la casa de adobe de abuelita.

Yo tuve una imagen de mamá en la mañana
que bailaba frente al espejo
en calzones rosados,
enmascarando su cara con rímel,
estrujándose para ponerse sus llíns ajustados.
Su risa áspera como tela bordada
y sus dientes brillantes como azulejos de iglesia.

En los días de visita con tíos y tías,
me trasladaban de ida y venida—
entre los burgueses Chávez de la ciudad
y los pastores Lucero de la zona rural,
los autos nuevos y los muebles relucientes
y las sillas de montar de cuero y los costales de arpillera,
los juegos de fútbol americano al mediodía y seises de cocas
y azadones, las credenciales de asistencia social y las botellas de leche de cabra.

Estaba atrapado en medio—
entre un monaguillo anglo-parlante piel-blanca
en la reja de la comunión,
y un niño moreno nómada llanero hispano-parlante
con corazón de búfalo gruñendo poderes terrenales del inframundo,
entre el brunch dominguero en un restorán

earth had bit off for me like soft bread
for the long journey,
I left Estancia for the orphanage.
                              As we drove through Tijeras mountains,
I looked back,
distant fields grooved with hoofpaths
of grazing cattle and sheep.
Grandma's knee-length gray hair,
she brushed and brushed every morning,
braided, bunned, and wrapped
with a black tápalo.
Long gray rain clouds hung over
the crumbling train-track town —
then lightning crackled
like the slap of new lumber stacks,
and rain darkened
the plaster cracks of grandma's adobe house.

I had an image of mother in the morning
dancing in front of the mirror
in pink panties,
masking her face with mascara,
squeezing into tight jeans.
Her laughter rough as brocaded cloth
and her teeth brilliant as church tiles.

On visiting days with aunts and uncles,
I was shuttled back and forth —
between Chávez bourgeois in the city
and rural Lucero sheepherders,
new cars and gleaming furniture
and leather saddles and burlap sacks,
noon football games and six packs of cokes
and hoes, welfare cards and bottles of goat milk.

I was caught in the middle —
between white skinned, English speaking altar boy
at the communion railing,
and brown skinned, Spanish speaking plains nomadic child
with buffalo heart groaning underworld earth powers,
between Sunday brunch at a restaurant

y los burritos comidos en un establo con techo de estaño,
entre John Wayne en la película de la tarde
golpeando a los jóvenes Bravos con la culata del rifle,
y los Apache cuya flecha que goteaba rojo
que era la vela del altar en alabanza al macho
recién matado.

Atrapado entre tíos rurales indio-mejicanos
que apilaban sacos de cien libras de fríjoles pintos
en furgones todo el día, y trabajaban las vías del tren
atrás de los cobertizos Sturgis, que cantaban canciones Apache
con acordiones, y los tíos y tías Chávez
que vacacionaban y seguían el modelo joligüodense
de *My Three Sons* para sus propias familias,
barriendo la cocina antes de que alguien viniera a visitarlos,
mirando álbumes de fotos en la sala.

Cuando me quedaba con los Chávez
me salía de la casa, deambulaba a mi libre albedrío,
dirigiéndome hacia el sur a las zanjas del Valle del Sur,
y cuando me alcanzaban unos días después,
olía a corteza de piñón
debido a las pilas de madera donde había jugado,
y la arcilla café rojiza pegada a mis zapatos
de los corrales donde había entrado para acariciar a un caballo,
embarrada sobre la nueva alfombra interior del carro.
Dejaron de invitarme a salir.

En mi colchoneta una noche en el orfanato,
yo soñé que mi espíritu era paja y lodo,
un hoyo cavado abajo debajo de mi carne
para rezar adentro,
y yo rezaba en abalorios de grano de maíz azul,
deslizados del pulgar a la tierra,
mientras el tambor de piel de venado de mi corazón
palpitaba suavemente y yo cantaba
                    toda tierra es sagrada,
                    toda tierra es sagrada,
                    toda tierra es sagrada,
                    toda tierra es sagrada,
hasta que una monja me despertó sacudiéndome.

and burritos eaten in a tin-roofed barn,
between John Wayne on the afternoon movie
rifle butting young Braves,
and the Apache whose red dripping arrow
was the altar candle in praise of the buck
just killed.

Caught between Indio-Mejicano rural uncles
who stacked hundred pound sacks of pinto beans
on boxcars all day, and worked the railroad tracks
behind the Sturgis sheds, who sang Apache songs
with accordions, and Chávez uncles and aunts
who vacationed and followed the Hollywood model
of *My Three Sons* for their own families,
sweeping the kitchen before anyone came to visit,
looking at photo albums in the parlor.

When I stayed with the Chávezes
I snuck out of the house, wandered at will,
heading south to the ditches of the South Valley,
and when they caught up with me days later,
I smelled of piñón bark
from wood piles I had played on,
and the red brown clay stuck to my shoes
from corrals I had entered to pet a horse,
smeared over the new interior car carpet.
They stopped inviting me out.

On my cot one night at the orphanage,
I dreamed my spirit was straw and mud,
a pit dug down below my flesh
to pray in,
and I prayed on beads of blue corn kernels,
slipped from thumb to earth,
while deerskinned drumhead of my heart
gently pounded and I sang
                    all earth is holy,
                    all earth is holy,
                    all earth is holy,
                    all earth is holy,
until a nun shook me awake.

Al día siguiente me escapé,
y vagué por los barrios de Burque,
robando comida de supermercados,
durmiendo en iglesias, y cada amanecer oscuro,
caminaba y caminaba y caminaba,
mis ojos ensombreciéndose con miedo y mi vida
atenuándose hasta convertirse en una pequeña sombra—
una vieja mina de carbón
que seguía viniéndoseme encima,
enterrándome en las arenas negras de un pasado turbio.

V

Los años pasan.
Los vagones de ganado en el almacén del centro
chillan y gimen, y las parrillas chisporroteantes
empañan las ventanas del café Barelas Coffee House,
mientras los obreros del ferrocarril con cascos de estaño
paran su trabajo para tomar café, las horas del alba
chasquean suavemente en los relojes de bolsillo de los abuelos
en la casa de empeños "Louey's Broadway," empeñados
para sacar de la cárcel a un primo o a un hermano.
Las carretillas de estaño y los recogedores de mangos largos de los trabajadores
                                                                    de la ciudad
hacen ruido estrepitoso en las alcantarillas
mientras los autobuses vomitan gases ardientes cuando paran bajo
la señal de neón de Walgreen's que anuncia la venta de licores.
Me apoyo contra un muro de ladrillos de un edificio de oficinas,
nada qué hacer, ningún lado adónde ir,
me peino en las azules ventanas ahumadas de las oficinas,
veo mi reflejo en los relucientes coches cromados
en la esquina, bajo un semáforo rojo humeante,
vivo yo—
            gorra azul ajustada sobre las orejas
                        hasta las cejas,
en llíns acampanados y bordados con galón rojo,
empiezo mi caminata diaria,
                        a la Oficina de Correos Old Town,
                        edificio clausurado de la escuela Armijo,
                        playa Río Grande,
                        zanjas y pasos subterráneos—

Next day I ran away,
and drifted barrios of Burque,
stealing food from grocery stores,
sleeping in churches, and every dark dawn,
walking and walking and walking,
my eyes shaded with fear and my life
dimmed to a small shadow—
an old coal mine shaft
that kept falling in on me,
burying me in black sands of a murky past.

V

Years pass.
Cattle cars in the downtown freightyard
squeal and groan, and sizzling grills
steam the Barelas Coffee Rouse café windows,
as the railroad workers with tin hard hats
stop for coffee, hours of dawn
softly click on grandfathers' gold pocket watches
in Louey's Broadway Pawnshop, hocked
to get a cousin or brother out of jail.
City workers' tin carts and long-handled dust pans
clatter in curb gutters
as buses spew smoldering exhaust as they stop beneath
Walgreen's neon liquor sign.
I lean against an office building brick wall,
nothing to do, nowhere to go,
comb my hair in the blue tinted office windows,
see my reflection in the glinting chromed cars,
on a corner, beneath a smoking red traffic light,
I live—
            blue beanie cap snug over my ears
                    down to my brow,
in wide bottomed jean pants trimmed with red braid,
I start my daily walk,
                to the Old Town Post Office,
                condemned Armijo school building,
                Río Grande playa,
                ditches and underpasses—
de-tribalized Apache

Apache des-tribalizado
enredado en el alambre de púa oxidado de una sociedad que no entiendo,
la sangre mexicana dentro de mí que salpica como agua derramada
de un desagüe de techo, brillando sobre las vidas
que vivieron antes que la mía, como lluvia sobre los montículos de cerámica rota,
cada día se rellena con la tierra marrón de mis sueños.

Vivía en las calles,
dormía en casas de amigos, sacaba cucharadas del
pozole y limpiaba los últimos fríjoles
de mi plato con la tortilla. Cada día
las manos me dolían con el deseo de tener algo,
y una voz dentro de mí anhelaba cantar,
y mi cuerpo quería despojarse de la piel gris de las calles,
como serpiente que echó alas—
deseaba que hubiera tenido la oportunidad de ser niño,
y deseaba que me hubiera amado una niña,
y deseaba que hubiera tenido una familia—pero estas
eran piezas de plata incrustadas en la vida de otro hombre,
cuyo destino se derramaba como fuente sobre las piedras y la hiedra
del patio en un cuento de hadas.

Cada noche podía oír la hoja de plata de La Llorona que se afilaba,
cincelando a un niño pequeño sobre el lecho fangoso del río,
como un angelito cincelado en las puertas de una iglesia antigua.
Los viernes aparecía Jesucristo
en la carretera La Vega, montado sobre un corcel blanco,
su manto negro agitándose a la luz de la luna
mientras él se azotaba por la maleza del bosque.
A veces Wallei, la voz del agua, me cantaba,
y Mectallá, que vive en el fuego, volaba en el aire,
y Cuzal, el Lector de Rocas, hablaba con una voz
tan dentada como mis nudillos de luchador callejero.

Una voz dentro de mí, suave como lino,
se desdobló sobre el aire de medianoche,
para limpiar mi soledad—la voz se abrió con el viento
como un pañuelo blanco en la noche
bordado con rosas rojas,
saludando y saludando desde una ventana oscura
a algún amante que nunca volvería.

entangled in the rusty barbwire of a society I do not understand,
Mejicano blood in me spattering like runoff water
from a roof canale, glistening over the lives
who lived before me, like rain over mounds of broken pottery,
each day backfills with brown dirt of my dreams.

I lived in the streets,
slept at friends' houses, spooned
pozole and wiped up the last frijoles with tortilla
from my plate. Each day
my hands hurt for something to have,
and a voice in me yearned to sing,
and my body wanted to shed the gray skin of streets,
like a snake that grew wings—
I wished I had had a chance to be a little boy,
and wished a girl had loved me,
and wished I had had a family—but these
were silver inlaid pieces of another man's life,
whose destiny fountained over stones and ivy
of the courtyard in a fairytale.

Each night I could hear the silver whittling blade
of La Llorona,
carving a small child on the muddy river bottom,
like a little angel carved into ancient church doors.
On Fridays, Jesus Christ appeared
on La Vega road, mounted on a white charger,
his black robe flapping in the moonlight
as he thrashed through bosque brush.
Sometimes Wallei, the voice of water, sang to me,
and Mectallá, who lives in the fire, flew in the air,
and Cuzal, the Reader of Rocks, spoke with a voice
jagged as my street-fighting knuckles.

A voice in me soft as linen
unfolded on midnight air,
to wipe my loneliness away—the voice blew open
like a white handkerchief in the night
embroidered with red roses,
waving and waving from a dark window
at some lover who never returned.

Me hice amigo de las señoras
que deambulaban por los bares
en la Central,
    la Broadway,
    la Isleta,
    y la Barcelona,
lagrimas azules tatuadas en sus mejillas,
las iniciales de ex-amantes en sus manos,
mujeres extraídas de sus cuartos oscuros con olor a orinas
donde vivían,
por la fuerza poderosa de la luna,
cuyos dientes amarillos arrancaban el alfalfa de sus corazones,
y los dejaban en terrenos rastrojados,
resecos que los
picaban
los chivos viejos de tecatos y borrachos.

Toda mi vida el sonido constante de los tacones de las botas de alguien
me sigue la pista—sonidos
delgados, duros, agudos que raspan la helada tierra,
como una pala que cava una sepultura.
Es mi guardián, siguiéndome por las ramas rotas
del bosque, a la puerta
del Hogar Pastor Bueno en la calle 2 sur,
en busca de una comida caliente.

de Meditaciones sobre el Valle del Sur

I

La incredulidad
me entumeció
al dar vuelta a la esquina.
Una calma áspera y tenebrosa
se erizó en mi cuerpo
que estaba preparado para un choque.
Al otro extremo del curvo camino
la sirena del camión de bomberos

I became a friend of the old women
who hung out by the bars
on Central,
    Broadway,
    Isleta,
    and Barcelona,
blue tear drops tattooed on their cheeks,
initials of ex-lovers on their hands,
women drawn out from the dark piss-stinking rooms
they lived in,
by the powerful force of the moon,
whose yellow teeth tore the alfalfa out of their hearts,
and left them stubbled,
parched grounds old goats of tecatos and winos
nibbled.

All my life the constant sound of someone's bootheels
trail behind me — thin, hard,
sharp sounds scraping frozen ground,
like a shovel digging a grave.
It's my guardian, following me through the broken branches
of the bosque, to the door
of the Good Shepherd Home on south 2nd street,
for a hot meal.

from Meditations on the South Valley

I

Disbelief
numbed me
as we turned the corner.
Hard, dark calm
swelled in my body
braced for a shock.
At the far end of the curving road
the fire engine's

se desenredó rojo/rojo/rojo
en la noche.

Las manos blancas
de humo gris nos saludaban
desde la cáscara chamuscada
de nuestra casa.
Vecinos y bomberos
pasaban indistintamente.
Mi hijo dormía en el asiento trasero —
mi esposa salió de prisa
mientras yo quedé sentado con él.

Ciego al brillo tenue
de hachas y palas,
de mangueras gruesas desenrolladas
desde carretes plateados —
sordo a las urgentes voces que gritan
y walkie-talkies crujiendo,
a los hombres cubiertos en hule
las botas chapoteando
en el lodo negro —

                                    yo pensé,

¡Mis poemas!
10 años de poemas
incubados en páginas
desdoblaron sus alas ardientes
en el humo sedoso
y revolotearon sobre las vigas tiznadas.

El rostro de mi esposa mareado
por la destrucción.
"Ay, Martín, se fue todo."
Ella cargó a nuestro hijo
cruzando la carretera a la casa de un vecino.

Cuando todos se fueron
chapoteé por los cuartos.
Escombros chamuscados y hojuelas de carbón.
Era una casa de espantos
obsesionada con su propia rebelión negra.

wheel-light unspun red/red/red/
into the night.

White hands
of gray smoke greeted us
from the charred husk
of our house.
Neighbors and firemen
blurred past.
My son sleeping in the back seat—
my wife rushed out
while I sat with him.

Blind to the dull glimmers
of axes and shovels,
thick hoses unwheeled
on silver reels—
deaf to the urgent, shouting voices
and crackling walkie-talkies,
to the rubber-coated men
boots sloshing back and forth
in black wet muck—

                         I thought,

my poems!
10 years of poems
cocooned in pages
unfolded their flaming wings
in silky smoke
and fluttered past blackened rafters.

My wife's face dazed
by the destruction.
"Oh, Martín, it's all gone."
She carried our son
across the road to a neighbor's house.

After everyone left
I sloshed through the rooms.
Scorched rubble and black flakes.
It was a haunted house
brooding in its own black rebellion.

A gatas
escudriñé entre el
copioso nido de cenizas
en el cuarto donde escribía.

Durante horas me paré ahí,
quieto, escuchando a la oscuridad.
El aliento negro de las tablas del techo
ardiendo débilmente sin llama
el fin
de todas las ciudades y gentes
en que me había convertido.

II

Obligado por las circunstancias
a vivir en este apartamento de los Altos —
qué extrañamente limpias y nuevas
están estas paredes blancas,
alfombra delgada y naranja
que se extiende por todas las habitaciones
como el cerebro rojo apagado arrugado
de una rata
los ruidos palpitantes
de los inquilinos de abajo.
Las caras de cerámica de las mujeres
que viven aquí,
y los hombres con mejillas de Buda
que sin excepción usan sombreros de paja
cuando sacan a pasear a sus caniches,
cuidados y recortados elegantemente
como vajillas heredadas
relumbrando bajo las arañas de luz —

                    No quiero
vivir aquí
entre tantas personas de éxito. Al Valle del Sur
vuela la paloma blanca de mi mente,
buscando noticias de la vida.

On hands and knees
I sifted through
the lush nest of ashes
in my writing room.

For hours I stood there
in silence, listening to the darkness.
Black breath of roof boards
weakly smoldering
the end
of all the cities and peoples
I had become.

II

Forced by circumstances
to live in this Heights apartment—
how strangely clean and new
these white walls are,
thin orange carpet
that sprawls through every room
like a rat's
red faded wrinkled brain
pulsating noises
from tenants below.
The ceramic faces of women
who live here,
and buddha-cheeked men
who all wear straw hats
to walk their poodles,
manicured and clipped elegant
as heirloom dinnerware
glittering beneath chandeliers—

                    I don't want
to live here
among the successful. To the South Valley
the white dove of my mind flies,
searching for news of life.

III

In reality, I don't know the people here.
Sí, la miro — al Señor García
caminando aquí a lo largo de la acequia,
su cara consumida y silenciosa,
me sonríe con su robusta dentadura blanca.
Freddy, el cholo, acelera el motor
de su Impala '62 bajo la sombra de un olmo
en su patio.
No conozco los nombres
de aquellos que caminan al atardecer por campos de mala hierba
y me saludan de lejos.
La gente del Southside
no revela nada
mas que lo que se alcanza a ver. El interior
de sus vidas
está lleno de luces blancas
y sabrosos cafés que se filtran.
Me han abierto sus vidas
a lo largo de los años,
y he temblado buscando la fuerza
para aceptarlos,
y entonces he bajado, bajado
hasta el bulto verde de la selva
de sus mundos
para transformarme en uno de ellos.

IV

Mándame noticias, Rafa,
de la jauría que duerme
en coches destrozados de los depósitos vacíos,
o de los veteranos
que sueñan dentro de sus botellas de whisky
en porches
del pasado, llenos de gloria y temor.
El olor negro de tierra mojada
se filtra en las casas de adobe viejas e inclinadas,
y ronda como una pantera negra por las ventanas abiertas.

III

En verdad, no conozco la gente.
Oh, I see them—Mr. García
walking here along the acequia,
his face worn and silent,
smiles at me with a strong set of white teeth.
Freddy, el cholo, revs
his '62 Impala beneath the shade of an elm tree
in his yard.
I don't know the names
of those who take walks across weedy fields at dusk
and wave to me.
La gente del Southside
give nothing away
except what one sees. The inside
of their lives
is filled with white lights
and rich brewing coffees.
They have opened their lives to me
over the years,
and I have wavered for strength
to accept,
and then have gone down, down
into the green jungly growths
of their worlds
to become one of them.

IV

Send me news Rafa
of the pack dogs sleeping
in wrecked cars in empty yards,
or los veteranos
dreaming in their whiskey bottles
on porches
of the past, full of glory and fear.
The black smell of wet earth
seeps into old leaning adobes,
and prowls like a black panther through open windows.

Los hombres de caras austeras
dando repaso con azadón a sus jardines
de chile y maíz en la mañana,
aplastan latas de cerveza y las empujan en los sacos de arpillera
y pedalean bicicletas oxidadas
por la tarde hasta la báscula de reciclaje,
y en el chante de Coco
al atardecer se juntan los tecatos,
la cocina tan llena como el lobby de la bolsa de valores,
mientras los vatos levantan sus dedos
para indicar cuánto quieren.
Hay tanto más que extraño, Rafa,
entonces mándame noticias.

VIII

Una película trasnochada.
No puedo dormir.
Un bandido
en una vieja película del oeste
salta del techo de una cantina
a su caballo
y galopa al llano.
Mi corazón es un viejo poste
al que amarré los sueños que tuve hace años
y le dan tirones
para liberarse.
Apago la tele
y en la oscuridad,   los suelto—

            un chavalo anda en bicicleta
            al amanecer por la carretera Barcelona,
            apretando rosas entre sus dientes,
en la cesta del manubrio
hay manzanas que tomó de los árboles al azar en la calle.

Austere-faced hombres
hoeing their jardines
de chile y maíz in the morning,
crush beer cans and stuff them in gunny sacks
and pedal on rusty bicycles
in the afternoon to the recycling scale,
and at Coco's chante
at dusk tecatos se juntan,
la cocina jammed like the stock exchange lobby,
as los vatos raise their fingers
indicating cuánto quieren.
There is much more I miss Rafa,
so send me news.

VIII

Late night movie.
I can't sleep.
A bandit
in an old western movie
jumps from a saloon roof
onto his horse
and gallops into the llano.
My heart is an old post
dreams I tied to it years ago
yank against
to get free.
I turn the tv off
and in the darkness,   let them go—

                    a chavalo riding his bicycle
                    at dawn down Barcelona road,
                    clenching roses in his teeth,
in the handle-bar basket
are apples he took from random trees on the road.

IX

Eddie se voló la cabeza
jugando a la ruleta rusa
con su hermano. Para comprobar
que era hombre,
se voló la cabeza.
No suenes la campana, carnal,
pos' no era religioso.
El burro gris con quién le gustaba platicar
en La Esquina del Muerto
pasta tristemente. Eddie se ha ido, sus ojos oscuros de pestañas negras
se lamentan. Su tío Manuel estrella una botella
de vino La Copita contra la pared de adobe
donde él y sus compas beben cada tarde,
y Manuel llora por Eddie.

> "Él era el chavo sin abrigo
> en el invierno. ¿Te 'cuerdas que se robó
> esos guantes de SEARS? Te 'cuerdas,
> que se robó esos guantes? Guantes chidos.
> Me los dio a mí, ese."

Se voló la cabeza.
La explosión de la pistola
fue el destello dorado de su voz
diciéndonos *no más, no más, no más.*
Sus últimas palabras sangrientas
riegan las hierbas secas
donde su jefa botó los trozos
de estuco. Los gorriones picotean sus sesos afuera,
junto a los postes de la cerca.

> Flaco dijo, "¡No le hagan ninguna elegía!
> Él apoyaba a los hermanos y las hermanas
> en nuestra lucha. Sabes, un día
> lo vi en la corte, cuando esposaron
> a su hermano mayor para llevárselo
> a prisión, sabes, Eddie saltó
> las bancas, y agarró las esposas
> de su hermano, gritando, ¡no se lleven a mi
> > hermano,
> no es un hombre malo!"

IX

Eddie blew his head off
playing chicken
with his brother. Para proof
he was man,
he blew his head off.
Don't toll the bell brother,
'cuz he was not religious.
The gray donkey he liked to talk to
at Dead-Man's Corner
grazes sadly. Eddie's gone, its black-lashed dark eyes
mourn. His tío Manuel shatters a bottle
of La Copita wine against the adobe wall
where he and his compas drink every afternoon,
and Manuel weeps for Eddie.
>   "He was the kid without a coat
>   during winter. 'Member he stole
>   those gloves from SEARS, you 'member,
>   he stole those gloves? Nice gloves.
>   He gave 'em to me ese."

Blew his head off.
The explosion of the gun
the golden flash of his voice
telling us *no more, no more, no more.*
His last bloody words
water the dried weeds
where his jefa threw the stucco fragments
out. Sparrows peck his brains outside
by the fence posts.

>   Flaco said, "Don't give him no eulogy!
>   He was for brothers and sisters
>   in struggle. You know I saw him
>   in court one day, when they handcuffed
>   his older brother to take his brother
>   to prison, you know Eddie jumped the
>   benches, and grabbed his brother's
>   handcuffs, yelling, don't take my brother
>   he is not a bad man!"

Todos en el lado Sur conocían a Eddie,
el pequeño Eddie, el pequeño Eddie cabrón.
Él trataba a todos con respeto y honor.
Con atención en el aula, en el pizarrón
él vio la injusticia, deambulando por las calles,
de sol a sol, con los carnales y carnalas.

No suenes la campana, carnal.
Déjala yacer muerta.
Deja que el metal pesado se oxide.
Deja al mecate roerse y columpiarse mudamente
en el polvo y viento de la tarde.

¿Cuántas veces te golpearon Eddie?
¿Cuántos garrotes de policía
están embarrados con tu sangre?
La navaja en la bolsa,
las manos de piedra,
en la línea con sus carnales,
para absorber las palizas con gatos de otros locotes,
        palizas con garrotes de la jura—
tu sangre, Eddie, salpicó
aceras,
embarró mangos de pala,
cubrió hojas de navaja,
nubló tus ojos y pintó tu cuerpo
en una danza barrio-tribal
para ponerte en libertad,
para conocer qué es lo que yacía más allá de los límites
en que naciste,
                        a tu modo,
                        a tu propio y dulce modo, cuidando
                        de abuelita, su cuarto emitiendo el aura
                        de una reliquia santa,
                        los pisos viejos de madera y las paredes
                        alisadas por el paso constante de su cuerpo,
                        pulidas en una especie de altar,
                        donde ella era la santa,
                        que cuidaste,
comiendo con ella cada tarde,
compartiendo los cupones de comida que tenía ella,

Everybody in Southside knew Eddie,
little Eddie, bad little Eddie.
He treated everybody with respect and honor.
With black-board classroom attention
he saw injustice, hanging out en las calles,
sunrise 'til sunset, with the bros and sisters.

Don't ring the bell, brother.
Let it lie dead.
Let the heavy metal rust.
Let the rope fray and swing mutely
in the afternoon dust and wind.

How many times they beat you Eddie?
How many police clubs
are smeared with your blood?
Switch blade en bolsa,
manos de piedra,
en la línea con sus carnales,
to absorb the tire-jack beatings from other locotes,
     billy-club beatings de la jura—
your blood Eddie spotted
sidewalks,
smeared shovel handles,
coated knife blades,
blurred your eyes and painted your body
in a tribal-barrio dance
to set yourself free,
to know what was beyond the boundaries
you were born into,

                    in your own way,
                    in your own sweet way, taking care
                    of grandma, her room giving off the aura
                    of a saintly relic,
                    old wood floors and walls
                    smoothed by the continual passing of her body,
                    burnished to an altar of sorts,
                    in which she was your saint,
                    you cared for,
eating with her each evening,
sharing the foodstamps she had,

acompañándola a la tiendita,
cuyas paredes estaban rayadas con pintura negra,
tu letra manuscrita e iniciales,
tu marca territorial, símbolo mortal para otros chavos
que entran en tu barrio—las puntadas oscuras y austeras de letras
en las paredes
sanaban tu herida por ser analfabeta—
la pared blanca de adobe con tus símbolos de cholo
te introdujeron al mundo,
                    como Eddie
que se apoyaba en las ancas ante el sol,
la espalda contra una pared,
platicándole a los vatos de 11, 13, 15 y 17 años
oliendo cemento para armar aviones a escala
de una bolsa de papel,
respirando corrector,
fumando basucón, lo que la gente blanca llama crack,
fumando pelo rojo sinsemilla:

                           tu escuchaste sus palabras,
                           chale
                           simón
                           wacha bro
                           me importa madre
                           ni miedo de la muerta,
                           ni de la pinta
                           ni de la placa,

y tu gritaste
¡hijo de la chingada madre!,
cansao
de retablos de calles
pintaos con sangre de tu gente,

                        tu gritaste
¡basta!
Dejen de darle al viento nuestras dolientes voces
en los panteones,
dejen de permitir al sol absorber nuestra sangre,
dejen de abandonar a las escuelas preparatorias,
                en el centro de la tormenta,
tú que absorbes el sentimiento de inutilidad,
atrapado en tu piel morena
en tu lengua que no podía pronunciar bien las palabras en inglés,

walking her to la tiendita,
whose walls were scribbled with black paint
your handwriting and initials,
your boundary marker, deadly symbol to other chavos
entering your barrio—the severe, dark stitches of letters
on the walls
healed your wound at being illiterate—
the white adobe wall with your cholo symbols
introduced you to the world,
                       as Eddie
who leaned on haunches in the sun,
back against a wall,
talking to 11, 13, 15, 17 year old vatos
sniffing airplane glue
from a paper bag,
breathing in typing correction fluid,
stoking basucón, what Whites call crack,
smoking pelo rojo sinsemilla:
                                 you listened to their words,
                                 chale
                                 simón
                                 wacha bro
                                 me importa madre
                                 ni miedo de la muerta
                                 ni de la pinta
                                 ni de la placa,
and you cried out
hijo de la chingada madre,
cansao
de retablos de calles
pintaos con sangre de tu gente,
                         you cried out
to stop it!
Quit giving the wind our grief-stricken voices
at cemeteries,
quit letting the sun soak up our blood,
quit dropping out of high school,
                       in the center of the storm,
you absorbing the feeling of worthlessness,
caught in your brown skin
and tongue that could not properly pronounce English words,

atrapado como una semilla incapaz de sembrarse a sí misma,
　　　　　　tu recogiste la cara azul-metálico de Dios
y regaste la semilla de tu corazón
a través del aire de la tarde,
entre los pétalos espinosos de un cactus,
y las hojas de olmo,
　　　　　　tu voz susurró
　　　　　　en el polvo y las malas hierbas,
un silencio terrible,
para no olvidar tu muerte.

XVII

Me encanta el viento
cuando sopla por mi barrio.
Silba su amor-serpiente
por las calles de polvo,
y quiebra cascarones
de hogares abandonados.
Los perros callejeros encuentran su refugio
al lado del río,
donde los álamos traquetean
como antiguas diligencias,
atascadas en abrevaderos estancados.
En los días cuando sopla el viento
lleno de arena y gravilla,
los hombres y las mujeres toman sus decisiones
que cambian sus vidas enteras.
En los días ventosos en el barrio
dan a luz a documentos de divorcio
y de separación como estruendos. El viento nos dice
lo que los demás nos niegan la palabra,
informan tanto a hombres como a mujeres de un secreto,
del cual se esconden mudándose lejos de aquí.

caught like a seed unable to plant itself,
                    you picked up God's blue metal face
and scattered the seed of your heart
across the afternoon air,
among the spiked petals of a cactus,
and elm leaves,
                    your voice whispered
                    in the dust and weeds,
a terrible silence,
not to forget your death.

XVII

I love the wind
when it blows through my barrio.
It hisses its snake love
down calles de polvo,
and cracks egg-shell skins
of abandoned homes.
Stray dogs find shelter
along the river,
where great cottonwoods rattle
like old covered wagons,
stuck in stagnant waterholes.
Days when the wind blows
full of sand and grit,
men and women make decisions
that change their whole lives.
Windy days in the barrio
give birth to divorce papers
and squalling separation. The wind tells us
what others refuse to tell us,
informing men and women of a secret,
that they move away to hide from.

XXII

En junio fui en busca
de albaricoqueros aislados.
Con la gorra de béisbol azul, ténis andrajosos,
llíns decolorados y una camiseta,
mientras los ancianos y las ancianas
lanzaban calientes aros de tortillas en el comal,
yo cruzaba campos de alfalfa,
sacando de los álamos pájaros negros
con terrones que les lanzaba.
Ante contenedores, botes de restaurante,
y verdes cuadras residenciales de césped recortado,
los camiones de la basura gruñían y llenaban sus estómagos de acero,
mientras yo brincaba por los callejones
embolsando centavos viejos y pelotas de goma.
El sol se movía lentamente
con el peso de sus años
por el cielo. Los viejos árboles lanzaban capas negras
de sombra, bajo las cuales descansaba yo.
Trepaba sobre viejas vallas tambaleantes,
rozaba mis mejillas con hojas de rosa mojadas de rocío,
y por unos minutos me quedaba hipnotizado
por los brillos oscuros de las plumas negras
que flotaban en el agua de la zanja marrón y turbia.

Inocentemente, vagaba y me resbalaba
a través del día
como un gorrión despegando de una línea telefónica
al cielo abierto, cayendo
del cielo sobre una envoltura de mantequilla
o un pedazo de tortilla en el suelo.

Solía sentarme en los parachoques torcidos
en los campos abiertos y comerme mis albaricoques.
Al atardecer me encaminaba a
mi barrio, abría mi manta
debajo del puente Isleta, y me agachaba
en un sueño redondo,
como un pedazo de madera que flota en el agua
asentándose en la mala hierba, mis sueños se llenaban

XXII

In June I went searching
for isolated apricot trees.
In a blue baseball cap, ragged sneakers,
faded jeans and t-shirt,
while old men and women
threw hot loops of tortillas on the comal,
I crossed alfalfa fields,
ruffling black birds out of cottonwoods
with dirt clods I threw.
Garbage trucks growled and stuffed their steel stomachs
at dumpsters, restaurant trashcans,
and green, lawn-trimmed residential blocks,
while I skipped through alleys
pocketing old pennies and rubber balls.
The sun slowly moved
with the weight of its years
across the sky. Old trees threw black capes
of shade, under which I rested.
I climbed over tottering old post fences,
brushed my cheeks with dew-wet rose leaves,
and for minutes stood mesmerized
by the dark gleams of black feathers
floating in brown murky ditch water.

Innocently, I drifted and slipped
through the day
like a sparrow flying off from a telephone line
into the open sky, falling
from the sky upon a butter wrapper
or piece of tortilla on the ground.

I'd sit on bent fenders
in open fields and eat my apricots.
At dusk I would make my way back
to my barrio, unroll my blanket
under Isleta bridge, and crouch
into plump sleep,
like a piece of drift wood
settling in weeds, my dreams were filled

de ranas parlantes, de grillos gigantes,
de moscas como dioses, con el párpado perturbador de la luna
parpadeando hacia mí, sensualmente.

XXIII

Pancho, el idiota del barrio.
Dicen que una bruja de Bernalillo
le embrujó. Sin afeitar, parloteando
y asintiendo con la cabeza a los amigos del aire
que lo siguen,
vaga por el barrio todo el día.
Lo veo por lo menos dos veces al día —
caminando sobre la zanja detrás de mi casa,
y horas después cruza el puente a pie.

Inocente, la gente lo deja en paz
con sus propias fantasías,
para compartir su pan con sus compañeros invisibles,
para responderle a las voces
que rebosan desde las memorias de su niñez.

Lo he visto
en cuatro patas en el campo de Raúl
con las ovejas. O en la navidad pasada
en el árbol maullando como un gato.
Siempre me llenas el corazón de gozo,
Pancho.

XXVI

Hoy talamos el olmo.
Viejo colmillo antiguo de tronco sin elasticidad.
John montaba ramas a horcajadas,
pisaba palos con brotes de semilla,
rompiendo ramas muertas. Su cabeza se perdió
entre las ramas —

          el moto-sierra colgaba de la cuerda amarrada a su cintura,
          él lentamente jaló hacia arriba,

with talking frogs, giant crickets,
godly flies, with the yellow, brooding eyelid of the moon
flickering at me sensuously.

XXIII

Pancho, the barrio idiot.
Rumor is that una bruja from Bernalillo
le embrujo. Unshaven, chattering
and nodding to airy friends
that follow him,
he roams the barrio all day.
I see him at least twice a day —
walking on the ditch behind my house,
hours later walking across the bridge.

Harmless, la gente leave him alone
in his own fantasies,
to share his bread with invisible companions,
to speak back to voices
that brim over from his childhood memories.

I have seen him
on all fours in Raúl's field
with the sheep. Or last Christmas
in the tree meowing like a cat.
You always fill my heart Pancho
with delight.

XXVI

We cut down the elm tree today.
Ungiving, old ancient tusk of trunk.
John straddled branches,
stepping through seed-bud sticks,
breaking dead limbs. His head was lost
in branches —

> chainsaw dangling from his waist rope,
> he slowly towed up,

tiró del cordón,
crepitando, gruñó aserrín hacia abajo
por
el aire.

Las ramas chocaron al caer
con gemidos que estremecían y una agonía que rajaba,
aterrizaban con golpes muertos,
sacudiendo el aire a su alrededor mientras caían.

Los arrugados trozos de corteza como piel
rugían hacia abajo. John bajaba paso a paso
desde las ramas más altas,
hasta su melena densa—
cortando en forma de cuña diez pies a la vez,
haciendo cortes planos desde el otro extremo;
lentamente se volteó el tronco principal, se ladeó crujiendo, chupando aire,
revolviéndose hacia abajo, bramando
con un enorme golpe y caída,
respirando un último tirón de hojas, como elefante
en el suelo, el choque tembloroso se quedó en silencio.

Donde antes estuvo el árbol
una cascada plateada de cielo ahora vertía desde arriba.
Aire tranquilo.
Crepúsculo rojo. Sentí que acababa de matar
a un hombre anciano.

XXVIII

En este apartamento de los Altos
empecé a sentirme solo, añorando el Valle del Sur.
Las imágenes flotaban sin rumbo por mi mente
este árbol—
esa piedra—
aquel fiel caballo—
santuario de los penitentes en la
calle La Vega—

la oscuridad envolviendo
las calles con polvo
que los niños levantaban al jugar.

pulled the cord,
crackling, it snarled saw dust down
through
the air.

Limbs crashed down
with shuddering groans and cracking throes,
hit the ground with dead thuds,
trembling air they fell through.

Wrinkled chunks of hide bark
growled down. John worked his way down
from the upper most branches,
down to its thick mane —
wedge-cutting ten feet at a time,
flat cutting from the opposite end;
slowly the main trunk tipped, lean-creaked, sucking air
thrashing down, bellowing
with one massive blow and fall,
breathing one last leaf-heave, like an elephant
grounded, the trembling crash became silent.

Where the tree had stood
a silver waterfall of sky now poured down.
Still air.
Red dusk. I felt I had just killed
an old man.

XXVIII

In this Heights apartment
I became lonely for the South Valley.
Images drifted by in my brain
this tree —
esa piedra —
aquel fiel y caballo —
santuario de los penitentes on La Vega rd. —
the darkness swaddling
las calles con polvo
niños kicked up at play.

La gente vive vidas reales en el Valle del Sur.
Las tapas de tarros remiendan paredes de adobe,
encima de un tocador
la luna por una ventana
arde sin llama a los pies de la estatua de San Francisco,
y hay un silencio tan espeso como la sangre
que se derrama en cada tarde,
y rebosa como llama sobre los campos.

                  Mi casa se incendió
                  y la reconstruimos.
Sí, me sentí dolido . . .
y lamenté con la pala de cenizas,
las cenizas amontonadas en el camión,
y lo manejé a la escombrera con un entumecido sentido del deber
que tenía que hacer,
lleno de pérdida y pena, y alegría
porque podía crear

                          otra casa,
                          un niño a su propio imagen.
Di a luz a una casa.
Vino la casa, lloró en mis manos, sudó en mi cuerpo,
se dolió en mis tripas y mi espalda. Fui desmontado hasta la fuerza
esencial en mi vida — crear un mundo mejor, un mejor yo,
a partir del amor. Volví a ser niño de la casa,
y me mostró
la libertad de un nuevo inicio.

People live out real lives in the South Valley.
Tin can lids patch adobe walls,
the moon through a window
smolders at St. Francis' statue feet
on a dresser,
and there is a quietness heavy as blood
that spills over into each afternoon,
and brims like flame over the fields.

            My house burned
            and we re-built it.
I felt hurt, yes . . .
and grieved with the shovel of ashes,
the ashes heaped on the truck,
and drove it to the dump with a numb sense of duty
I had to do,
full of loss and grief, and joy
that I was able to create
                      another house,
                      a child in its own image.
I gave birth to a house.
It came, cried from my hands, sweated from my body,
ached from my gut and back. I was stripped down to the essential
force in my life — create a better world, a better me,
out of love. I became a child of the house,
and it showed me
the freedom of a new beginning.

POEMAS DE LA MESA NEGRA

BLACK MESA POEMS

(1989)

Instrucciones de sueño

Mientras estaba en la cama, llegaron los sueños,
aún pensando en las palabras del curandero,
    "... La inundación de la sangre de ese toro,
        no será desperdiciada. ..."
Pensé en sangre desperdiciada, me dormí, llegaron los sueños—

    Aparezco entrando en una prisión.
    La parte de mí que es cuerpo entumecida,
    cara encogiéndose, manos apretándose,
    aterrorizado,
        diciendo *no, no, no*. ...
Estoy entrando,
mirando alrededor a los barrotes y las paredes
    acolladaras con alambre de púas,
    chozas de guardia.
    Cambio de turnos,
sonidos horribles de llaves de guardia
alzadas en un cubo de estaño con polea hasta las torres de guardia,
    cascabeleando
    como un hombre enfermo
    con un tubo en su garganta
    tratando de respirar.
Despierto.
Aparece otro—
    De barba, en una motocicleta.
    mi propia voz le llama, chifla, me despierta.
    Hombres que alguna vez fui quieren que yo regrese a sus pieles,
    quieren que llene sus cuerpos,
        otra vez.

Durante la siesta en la tarde—
    La serpiente alada,
    alas combadas y cicatrizadas
    envuelven su esqueleto.
    Las alas baten
    abrasadores vientos calientes
    que barren el suelo del desierto
    en busca de sombra,
    entonces la serpiente alada

Dream Instructions

While in bed, dreams came,
still thinking of the *curandero*'s words,
     "... flood of that bull's blood
            will not be wasted. ..."
I thought of blood wasted, fell asleep, dreams came—

     I appear entering prison.
     Body part of me asleep,
     face cringing, hands tightening,
     terrified,
          saying *no, no, no*. ...
I am going in,
looking around at bars and walls
     collared with barbwire,
     guard huts.
     Change of shifts,
horrible sounds of guard keys
lifted in a tin bucket on pulley to guard towers,
        rattling
        like a sick man
        with a tube in his throat
        trying to breathe.
I awaken.
Another appears—
     Bearded, on a motorcycle.
     My own voice calls out to him, whistles, wakes me.
     Men I once was want me to return to their skins,
     want me to fill their bodies,
               again.

During afternoon siesta—
     Winged serpent,
     wings warped and scarred
     wrap round its skeleton.
     Wings beat
     blistering hot winds
     that sweep desert floor
     in search of shade,
     then the winged serpent

descansa
en el hueco
de una calavera petrificada
medio-enterrada,
y habla —

"Las palabras de amor
vendrían de mi boca
si las dejaras,
como piedras derretidas que gritan con dolor
desde la barriga de un volcán.

Acércate. Acércate.

Pero no lo haces.

Ahora hace tanto tiempo
que te fuiste.
¿Les dijiste que el
Infierno no es un sueño
y que tu haz estado ahí,
les dijiste?"

(¿Es el hombre pacífico dentro de mí
hablándole al destructivo?)
Despierto.
Manos pálidas, dedos fríos.

Y luego el último sueño —

Respiro profundamente,
me hecho un clavado a través de mi carne,
paso a las profundidades porosas del hueso,
    un buzo busca-perlas
con el cuchillo reluciente entre mis dientes,
y llego a mi corazón.
Pez rojo pulsante
hago una incisión
y encuentro —

un gran sol, más grande que todas las montañas,
brillando,

rests
in the hollow
of a half-buried
petrified skull,
and speaks—

      "Words of love
      would come from my mouth
      if you let them,
      like molten stones shrieking
      from the belly of a volcano.

      Come closer. Come closer.

      But you do not.

      It's been so long now
      since you left.
      Did you tell them
      Hell is not a dream
      and that you've been there,
      did you tell them?"

(Is it the peaceful man
speaking to the destructive one in me?)
I awaken.
Hands pale, fingers cold.

And then the last dream—

I take a deep breath,
dive through my flesh,
past the bone's porous depths,
      a pearl diver
with knife flashing in my teeth,
and come to my heart.
Red throbbing fish
I cut open
and find—

      a great sun, larger than all the mountains,
      glowing,

y un cuerno blanco de marfil,
torcido por corrientes de conocimiento milenario
hasta terminar en una punta perfecta,
y un hombre del tamaño de un grano de arena
deslizándose hacia abajo por el cuerno,
y miro a hombres hechos de telarañas,
formados—pelo, ropa y carne
podridos
de forma que las telarañas cubren sus esqueletos erectos,
y más allá, extensión infinita de oscuridad,
eternidad de oscuridad ventosa,
y al otro extremo, todo solo,

un pequeño abalorio chispeante de luz,
donde prospera otra forma de vida.

Extrayendo luz

Flojonazo gruñón
es el invierno,
baja torpemente sobre la roca volcánica de la Mesa Negra
con los pies vendados,
su aliento es campanadas heladas
que atraviesan el alambre de mi cerca y ramas de árbol
con brillosos goteos de notas.
Lanzo rebanadas de paja
sobre la cerca
al caballo y ganado, ambos reunidos por el comedero.
Las pezuñas se recargan en la floja nieve,
ellos carcajean vapor y con un gruñido muerden
la paja, contentos latiguean las colas,
y me clavan la mirada—mis ojos
extraen una bondad de los suyos,
así como la tiniebla
extrae su luz de los copos de nieve que caen.

and a tapering white horn of ivory,
twisted by currents of thousands of years' knowledge
to a perfect taper,
and a man the size of a sand grain
sliding down the horn,
and I see men made of cobwebs,
standing in line — hair, clothing, and flesh
rotted away
so cobwebs cover their standing skeletons,
and beyond them, endless stretch of darkness,
eternity of airy darkness,
and at the far end, all by itself,

small sparkling bead of light,
where another way of life thrives.

Drawing Light

Ill-tempered loafer
winter is,
clumps down Black Mesa volcanic rock
with bandaged feet,
his breath icy chimes
stringing my fence wire and tree branches
with bright drippings of notes.
I sling hay slices
over the fence
to horse and cattle huddled by trough.
Hooves lumber in slush,
they chortle steam and grunt chomp into the
hay, flick tails agreeably,
and ogle me — my eyes
draw a kindness out of theirs,
the way darkness
draws its light from falling snowflakes.

El otro lado de la montaña

Distante a las llamadas telefónicas
de mis amigos, contesto
con un brusco cabeceo
para ser dejado en paz. Me siento distante
a todos.
Sobre los campos quebradizos y macilentos
el silencio invernal
abre su ojo,
        luego lo cierra.
Hay nieve en los picos de la montaña Sandía.
Pienso en mi vieja vagoneta
Studebaker, descomponiéndose, a mediados de diciembre.
En mi camiseta, a los dieciséis años de edad,
caminé entre granizo y lluvia,
y una hora después me senté bajo el desnivel de la Placita,
a salvo de la nieve. Un teporocho viejo junto a mí dijo,
        "Soy un jornalero. Me pagan
        a fin del mes,
        voy a Albuquerque,
        bebo y peleo.
        En la fábrica de muebles mi hermano
        gana el salario mínimo, le pagan por semana,
        y para el lunes ya se esfumó.
        Solía soñar con lo que estaba del otro lado
        de la montaña, pero cada fin de semana
        me emborracho, me apuñalan, me separan,
        me voy a pie a donde voy,
        y me maldigo por tener una vida que es mía.
        Yo persigo las cosechas, a lo largo
        del Río Abajo, y como una hoja, vuelvo
        a las viejas antigüedades, las lámparas, las sillas,
        los frascos que venden aquí en Bernalillo,
        a las caras más cicatrizadas de lo que yo recuerdo.

        Aquí no puedo ocultar mi vida de los demás.
        Era bueno para el béisbol, las matemáticas,
        después me hice conserje, un poco
        de trabajo en construcción, luego tuve seis niños,

The Other Side of the Mountain

Distant to friends'
telephone calls, with a nod gruff
I answer
to be left alone. I feel aloof
from everyone.
Over the brittle, haggard fields
wintry silence
opens its eye,
                    then closes it.
There is snow on the Sandia mountain peaks.
I think of my old Studebaker
station wagon, breaking down, mid-December.
In my t-shirt, sixteen years old,
I walked in hail and rain,
and an hour later sat under the Placita's underpass,
out of the snow. An old wino next to me said,
            "I'm a farmhand. End of month
            get paid, go into Albuquerque,
            drink and fight.
            My brother at the furniture factory
            gets minimum wage, paid by week,
            and gone by Monday.
            I used to dream what was on the other side
            of the mountain, but every weekend,
            I get drunk, knifed, broken up,
            foot it to where I'm going,
            and curse myself for having my life.
            I follow the crops, all along
            the Río Abajo, and like a leaf, I come
            back, to the old antiques, lamps, chairs,
            jars they sell here in Bernalillo,
            to faces more scarred than I remember them.

            Can't hide my life from others here.
            Used to be good in baseball, math,
            then I became a janitor, a little
            construction work, then had six kids,
            a run-down shack and a mean woman.

una choza destartalada y una mujer cruel.
Perdí mi fascinación. Casi como si
una vez que has vivido aquí, sintieras que sabes
todo lo que hay por saber.

Un extraño se casó con mi hermana y ella
no quería irse. Los dos trabajan
en la fábrica de muebles, propiedad

de dos familias ricas. Pérez y King.
Son dueños de todo.
Espero ganar suficiente dinero para irme
de este pueblo, averiguar, quizás algún día,
qué hay del otro lado de la montaña."

Después de terminarse la nevada, empecé a caminar,
pensando, la Naturaleza no era tan cruel.

Hacia la muerte valientemente

El invierno
lanza su gran escudo blanco
sobre el suelo,
rompiendo los brazos delgados de las ramas torcidas,
y luego aúlla
en el lado norte de Mesa Negra
una profunda y gutural risa.
Por él
habremos de vender nuestro ganado
que rastrilla nieve en busca de rastrojo.
Habiendo vivido su vida entera
en unas pocas semanas,
lento y pensativo, se marcha,
arrastrando su escudo de arroyo color plata
hacia abajo por las ramas
y sobre el suelo,
despacio se sigue marchando
hacia la muerte
valientemente.

I lost my fascination. Almost as if
once you lived here, you feel you know
all there is to know.

Stranger married my sister and she
wouldn't leave. Both of them work
in the furniture factory, owned

by two rich families. Perez and King.
They own everything.
I hope to get enough money to leave
this town, find out maybe, someday,
what's on the other side of the mountain."

After the snow ended, I started walking,
thinking, Nature was not all that cruel.

Into Death Bravely

Winter
throws his great white shield
on the ground,
breaking thin arms of twisting branches,
and then howls
on the north side of the Black Mesa
a deep, throaty laughter.
Because of him
we have to sell our cattle
that rake snow for stubble.
Having lived his whole life
in a few weeks,
slow and pensive he walks away,
dragging his silver-stream shield
down branches
and over the ground,
he keeps walking slowly away
into death
bravely.

Conocer a la nieve de otro modo

Última nevada del invierno.
                    Me paro en la ventana
a mirar, a pensar cómo siempre he comparado
el Hombre Blanco con la nieve.
                    De niño, mientras miraba
su caída elegante, mi barbilla
y pecho junto a un alféizar de madera, un escalofrío helado
entumió mi nariz. Cada copo de nieve giraba en el espacio,
haciendo de los árboles tiernos fantasmas contra el cielo nocturno
hacinándolos, y de la luna una hoguera
debajo de la cual se calentaban,
extendiendo marchitas manos blancas y caras vetustas
como una secta religiosa, cantándole a la luna. . . .

La nieve puede agradar a un niño
sin hogar ni familia: le señala todo lo que nunca fue,
que cualquier cosa que hagas queda impresa,
es una voz balsámica que comprende las cicatrices
y tapa las vistas feas
con un volante de alegría, luz y brillo.
El ejemplo más cercano al corazón de un niño
es un gorrión bañándose en la nieve matutina,
regando trizas en el aire, moteando brilloso en el sol.
Pero luego pasa algo: al principio,
la nieve es como esas mangas holgadas de un profeta
alargando sus brazos para sostener a un bebé, esas mangas huecas
que envuelven al bebé en su calor, y el bebé siente el frío
recogido en la tela por los viajes del profeta
entre árboles, montañas, arroyos . . . hay una sensación helada
en los dedos del profeta, de una selva
donde vive completamente solo con sus dioses.
El niño lo sabe.

Y aún así, cada invierno vemos lo que hace tanta nieve.
Mi propia gente, tratando de obtener Justicia y Paz,
es como esa gente que naufragó en una montaña,
envuelta en ropas de mendigo, luchando por subir precipicios
empinados. En las caras congeladas hay un conocimiento adusto,

Knowing the Snow Another Way

Last snowfall of winter.
           I stand at the window
watching, thinking how I have always compared
the White Man to snow.
             As a child, watching
its graceful fall, my chin
and chest next to a wooden sill, a frost chill
numbed my nose. Each snowflake swirling in space,
making trees gentle ghosts against the night sky
crowding together, and the moon a bonfire
they warmed themselves under,
extending white withered hands and hoary faces
like a religious sect singing to the moon. . . .

Snow can be pleasing for a child
with no home or family: it means all that never was,
that whatever you do is imprinted,
it is a soothing voice that understands the scars
and covers the ugly sights
with a frill of happiness, light and glittering.
The closest example of the child's heart
is that of a sparrow bathing itself in the morning snow,
scattering the bits into air, speckling bright in sunshine.
But then something happens: at first,
the snow is like those loose sleeves of a prophet
extending its arms to hold a babe, those hollow sleeves
swathe the babe in warmth, and the babe feels the cold
on the cloth collected by the prophet's travels
amongst trees, mountains, streams . . . there is a touch of ice
in the prophet's fingers, of a wilderness
he lives in all alone with his gods.
The child knows this.

And yet, each winter we see what too much snow does.
My own people, trying to obtain Justice and Peace,
are like those people wrecked on a mountain,
wrapped in beggar's clothing, struggling up steep
cliffs. In the frozen faces there is a grim knowledge,

en el bigote salpicado con nieve,
los ojos abiertos y las pestañas cargadas con nieve,
los *indios* y los *chicanos* tienen esa muerte impasible
en sus rasgos porque conocen los extremos fríos, fríos de la nieve.
El ganado y las ovejas muertas, las carreteras bloqueadas,
el desempleo, las frutas y los campos destruidos:
han conocido la otra cara de la nieve, en aceras
de cualquier ciudad importante, vestidos humildemente, su aliento afanándose
contra el frío, rechinando los dientes, soplándose las manos,
formándose para recibir comidas de asistencia social y empleo,
con los dedos del pie entumidos
en zapatos con costras, en medio de la tormenta exudan
una ternura de pérdida, sus vidas como huellas
en la nieve lentamente derritiéndose.

Demasiado de algo bueno

La nieve ha estado derritiéndose demasiado pronto —
pasando el Río Grande a diario, noto
que el nivel del agua es alto,
fluye entero río abajo.
¿Qué sucede
cuando necesito irrigar a los pastizales
en el verano
y no hay agua?
Los campesinos se ponen con los nervios de punta.
Empiezan a maldecir a los vecinos en voz baja
por usar demasiada agua.
Las cosechas atrofiadas,
solamente un esqueje de alfalfa
en vez de tres,
sin alimento para las vacas,
sin dinero para comprar el alimento . . .
y luego como pasó hace unos años,
el Sr. Gonzales sale
y tu oyes tiros de escopeta que ampollan
el aire frío matutino,
y sabes que su ganado

in the moustache sprinkled with snow,
the open eyes and snow-laden eyelashes,
Indios y Chicanos have that stolid death
in their features from knowing the snow's cold, cold extremes.
The dead sheep and cattle, the roads blocked,
no work, the fruits and fields destroyed:
they have known the snow another way, along sidewalks
of any major city, dressed in humble clothing, their breath laboring
against the cold, gritting teeth, blowing on their hands,
standing in soup and employment lines, toes numb
in crusty shoes, in the midst of the storm they exude
a tenderness of loss, their lives like snow
footprints slowly melting.

Too Much of a Good Thing

Snow's been melting too soon —
passing the Rio Grande every day, I note
water level is high,
all flowing down river.
What happens
when I need to irrigate pastures
in summer
and there is no water?
Farmers get edgy.
Start cursing neighbors under their breath
for using too much water.
Crops stunted,
only one alfalfa cutting
instead of three,
no feed for cows,
no money to buy feed . . .
and then like it happened a few years ago,
Mr. Gonzales goes out
and you hear rifle shots blister
cold morning air,
and you know his cattle

está cayéndose en la nieve,
muerto.
En Coronado Center, el centro comercial más grande
en Nuevo México, oigo a dos damas bronceadas
elogiar nuestro clima maravilloso. Les echo
una mirada, tiro mis guantes
en el mostrador para el cajero, y me pregunto qué
les diría la esposa de un campesino.

Campanas

Campanas. La palabra batintinéa en mi cráneo. . . .
Mamá me sacó, recién nacido,
fajado en una cobija de hospital,
de St. Vincent´s en Santa Fe.
En la noche, todavía modorro
con oscuridad uterina,
las puntas de mis dedos moradas con vida nueva,
las campanas de catedral chapotearon
hacia adentro de mi sangre, zambullendo cascos de hierro
hacia adentro de las ondas de mi pulso. Los campanarios,
amplificaron las sonoras campanas rumiantes
a través de estrechas calles empedradas, de terrazas de tabique,
de ventanas emparradas con rosas,
de techos españoles con tejado rojo, de campanas
retumbaron mi nombre: "¡Santiago!" "¡Santiago!"
Quemando mi nombre en las calles con escarcha negra
los sonidos de las campana se curvaron y batintinearon golpes
hondos, severos como bramidos plenos, de hierro sobre hierro,
estremeciendo el pavimento donde caminaba Mamá,
sacudiendo vidrios gruesos inoxidables, haciendo rechinar
las puertas de los comercios, marcando sus graves golpes
por callejones y sendas
de terracería, pasando a hombres que esperaban en las puertas
de casas extrañas. Mamá me cargó, pasando
gallinas y pavos reales, pasando la escalera
milagrosa que serpentea hacia el coro, presumida
en folletos turísticos, *"Ni un clavo se usó
para construir esto, se adhiere tenazmente*

are falling in snow,
dead.
At Coronado Center, biggest shopping mall
in New Mexico, I hear two suntanned ladies
praising our wonderful weather. I give them
a glance, throw my gloves
on the counter for the cashier, and wonder what
a farmer's wife would tell them.

Bells

Bells. The word gongs my skull bone. . . .
Mamá carried me out, just born,
swaddled in hospital blanket,
from St. Vincent's in Santa Fe.
Into the evening, still drowsed
with uterine darkness,
my fingertips purple with new life,
cathedral bells splashed
into my blood, plunging iron hulls
into my pulse waves. Cathedral steeples,
amplified brooding, sonorous bells,
through narrow cobbled streets, bricked patios,
rose trellis'd windows,
red-tiled Spanish rooftops, bells
beat my name, "Santiago! Santiago!"
Burning my name in black-frosted streets,
bell sounds curved and gonged deep,
ungiving, full-bellowed beats of iron on iron,
shuddering pavement Mamá walked,
quivering thick stainless panes, creaking
plaza shop doors, beating its gruff thuds
down alleys and dirt
passageways, past men waiting in doorways
of strange houses. Mamá carried me, past
peacocks and chickens, past the miraculous
stairwell winding into the choirloft, touted
in tourist brochures, *"Not one nail was used
to build this, it clings tenaciously*

por puro poder de plegaria, un devaniente
pináculo de la fe. . . ." Y años después,
cuando hacía algo malo,
en reprimenda benévola Mamá diría,
"Naciste de campanas, más que de mi vientre,
te hablan en los sueños.
¡Ay, *Mejito*,
eres tan soñador!"

Un dios suelto

Camino a lo largo de la acequia.
La mañana tiembla suavemente.
La cristalina luz del sol centellea
en el césped amarillento.
Un gorrión se dispara de un árbol
a través del cielo azul sin margen.
            Todo lo que gotea,
resplandece, le ahueca un destello brillante
a la mañana.
Un frío parpadeante
sopla y acrecienta la llama
de este día aún más brillante.

En las garras volteadas
de las grandes águilas muertas
que son los bosques nevados
a lo largo del Río Grande,
hacen eco los sonidos helados
del desmoronamiento y la caída del hielo,
de leños y troncos rajándose,
en una pulverización crepitante de hojas muertas.
Las alas de un halcón embisten
desde las ramas enmarañadas, las alas azotan ferozmente
en los cañones elevados de las ramas,
tamborileando el aire,
y en la tregua aterradora del silencio,
de repente, parece que un Dios ha sido soltado
en esas terribles plumas.

together by pure prayer power, a spiraling
pinnacle of faith. . . ." And years later,
when I would do something wrong,
in kind reprimand Mamá would say,
"You were born of bells, more than my womb,
they speak to you in dreams.
Ay, *Mejito,*
you are such a dreamer!"

A God Loosened

I walk along the *acequia.*
Morning quivers softly.
Glassy sunlight sparkles
in the yellowed grass.
Sparrow flicks from a tree
across marginless blue sky.
            All that drips,
glows, hollows a bright flash
out of the morning.
A flickering chill
blows and uplifts flame
of this day brighter.

In the upturned claws
of great dead eagles
that are the snowy woods
along the Río Grande,
echoes a crumbling and falling
of icy sounds,
of logs and trunks cracking
in a crackling crush of dead leaves.
The wings of a hawk storm
from tangled boughs, wings woop fiercely
in above-ground canyons of branches,
drumming the air,
and in the frightful break of silence,
suddenly, it seems a God has loosened
itself in those terrible feathers.

Personaje principal

Yo fui a ver
La Conquista del Oeste
en el Teatro Sunshine.
A los cinco años de edad,
metido en un asiento de felpa,
la luz se apagó,
la pantalla brillante se encendió
con el león de la Metro-Goldwyn-Mayer que rugía —
       frente a mí
       un indio borracho se puso de pie,
       maldijo
       los violines del oeste
       y lanzó su botella de vino destapada en una bolsa
       hacia el cohete que rugía rumbo a la luna.
Su enfadado cuerpo oscuro
se retorcía con los gestos obscenos que dirigía
a la pantalla,
y luego los acomodadores lo escoltaron
cuesta arriba por el pasillo,
y mientras pasó tambaleando a mi lado,
escuché sus sollozos afligidos.
       El vino tinto rayó
       el cielo azul y el humo del despegue,
       apagó las fogatas de los vaqueros,
       goteó el alambre de púas,
       azotó a los exploradores osados, valientes
       que galoparon hacia los cerros de la mesa
       para hablar de paz con los apaches,
       y tornó la pradera
       exuberante con arroyos de vino.
Cuando terminó
la película,
escudriñé la brillante
calle soleada,
en busca del personaje principal.

Main Character

I went to see
How The West Was Won
at the Sunshine Theater.
Five years old,
deep in a plush seat,
light turned off,
bright screen lit up
with MGM roaring lion —
                    in front of me
                    a drunk Indian rose,
                    cursed
                    the western violins
                    and hurled his uncapped bagged bottle
                    of wine
                    at the rocket roaring to the moon.
His dark angry body
convulsed with his obscene gestures
at the screen,
and then ushers escorted him
up the aisle,
and as he staggered past me,
I heard his grieving sobs.
                    Red wine streaked
                    blue sky and take-off smoke,
                    sizzled cowboys' campfires,
                    dripped down barbwire,
                    slogged the brave, daring scouts
                    who galloped off to mesa buttes
                    to speak peace with Apaches,
                    and made the prairie
                    lush with wine streams.
When the movie
was over,
I squinted at the bright
sunny street outside,
looking for the main character.

Como saben los niños

Las ramas de olmo emiten calor verde,
los mirlos se pavonean rígidamente a través de los campos.
Debajo del piso de madera del dormitorio, siento la tierra—
el pan en un horno inflándose lentamente,
hirviendo a fuego lento la corteza-hilo de mi cobija navajo
mientras los Bailarines del Maíz
con plumas blancas y borlas de maíz
se levantan en fila, siguen mi pantorrilla,
desaparecen en una arruga y emergen en mi rodilla-precipicio,
mientras cantan. Con un tocado lanudo,
Bailarín Búfalo persigue a Mujer Venado a través de
la montaña Pierna Dormida. Cascabelean semillas
en las ramas de los árboles de rosa silvestre. Mujer Venado se desvanece en las
colinas
de fondo beige. Pájaro Rojo
de mi corazón zurra furiosamente detrás de ella.
¡Qué hombre tan estúpido he sido!
Qué bien dejar libre la imaginación,
caminar por encima de estos hechos tan preocupantes,
esas leñas machacadas
caídas alrededor
delcamino de la entrada.
¡Están suelta las decisiones!
Déjalas soplar
como hojas de papel de niños de primaria
contra la cerca,
vibrando en el viento de la tarde.
Este Pájaro Rojo
de mi corazón zurra dentro de la apariencia ordenada
que le ofrezco al mundo,
derriba lo que alzo, cautiva lo que pongo en libertad,
estrella lo que he armado,
se regodea en cosas inacabadas,
y mi mundo permanece, como saben los niños,
como juguetes regados después del anochecer en el cajón
de arena.

As Children Know

Elm branches radiate green heat,
blackbirds stiffly strut across fields.
Beneath bedroom wood floor, I feel earth—
bread in an oven that slowly swells,
simmering my Navajo blanket thread-crust
as white-feathered and corn-tasseled
Corn Dancers rise in a line, follow my calf,
vanish in a rumple and surface at my knee-cliff,
chanting. Wearing shagged buffalo headgear.
Buffalo Dancer chases Deer Woman across
Sleeping Leg mountain. Branches of wild rose
trees rattle seeds. Deer Woman fades into hills
of beige background. Red Bird
of my heart thrashes wildly after her.
What a stupid man I have been!
How good to let imagination go,
step over worrisome events,
                    those hacked logs
                    tumbled about
                    in the driveway.
Let decisions go!
                    Let them blow
                    like school children's papers
                    against the fence,
                    rattling in the afternoon wind.
This Red Bird
of my heart thrashes within the tidy appearance
I offer the world,
topples what I erect, snares what I set free,
dashes what I've put together,
indulges in things left unfinished,
and my world is left, as children know,
                    left as toys after dark in the sandbox.

En la noche

Yo yazco en cama
y oigo el latido suave del agua
hinchándose a través de la zanja,
el agua delimita de un extremo a otro,
el chico torpe de campo,
tropezándose sobre los palos caídos y las llantas de hule,
para reunirse con una amante
que espera en casa de sus padres, con la ventana abierta.

Como yo lo hacía siempre por el amor.

Ahora con el pelo gris-negro,
las mejillas vigorosas, la ceja asoleada, los labios partidos,
los pensantes ojos tétricos,
floto en la castaña melancolía de las perezosas corrientes
de la memoria, estudiando mi reflejo
esta noche sobre el agua,
con devoción distante,
un nadador que ha olvidado cómo nadar.

El arribo de Dios

Aguardo que se enciendan
los libros en llamas
de capullos de lila. Este año me he prometido
leerlos
mientras se abren
antes de quemarse hasta desaparecer.
A lo ancho del frente de mi casa
las tumbas silenciosas de los arbustos de lila
aguardan el arribo de Dios,
brotando de cada capullo
encarnado con pétalos.
Ahora, Él se injerta
en la tierra, armándose a Sí Mismo
un gusano.

At Night

I lie in bed
and hear the soft throb of water
surging through the ditch,
from extreme to extreme water bounds,
clumsy country boy,
stumbling over fallen logs and rubber tires
to meet a lover
who awaits in her parents' house, window open.

As I used to for love.

Now gray-black hair,
vigorous cheeks, weathered brow, chapped lips,
dismal thoughtful eyes,
I float in brown melancholy on the lazy currents
of memory, studying my reflection
on the water this night,
with distant devotion,
a swimmer who has forgotten how to swim.

God's Coming

I await the burning books
of lilac buds
to flame. This year I promise myself
to read them
as they are opening
before they burn away.
Along the front of my house
silent tombs of lilac bushes
await God's coming,
rising out of each bud
fleshed with petals.
Now, He grafts Himself
to dirt, piecing Himself together
a worm.

Vaqueros de llano

Padilla suelta una manada sarnosa de ganado
mexicano en el campo.
Son más malos, tienen los cuernos largos y filosos
para una batalla sangrienta, magros a dieta
de hierba de pradera, se parecen más
al ganado que había
en las llanuras hace años
que al ganado de ahora —
los toros golimbrones, tardos y mimados,
parados todo el año
para ser admirados por el jurado de la feria estatal,
muñecas de salón de belleza, sus pezuñas pulidas
y a *manicure,* crin secada con pistola, enceradas
sus pestañas y labios.
Cabalgo por el camino de tierra
encima de Rayito de Luz (mi yegua baya)
y ella se aleja dolida
de sus feroces miradas desdeñosas —
entra, intenta enlazarnos,
intenta peinar nuestro pelo.
Admiro a mis antepasados, vaqueros de llano,
que arrojaron un cigarrillo liado al polvo,
escupieron en guantes arrugados, lo tomaron a uno
por los cuernos, lo sometieron,
lo herraron, con el mismo placer
que disfrutaban en una riña de casa de literas.

Lo que no le contamos a los niños

Plumas en el jardín esta mañana
¿Mi gato?
¿O los dos negros callejeros,
clavando siniestramente la mirada anaranjada
desde el techo corrugado y oxidado del cobertizo de ovejas?
Los oigo por la noche

Llano Vaqueros

Padilla unloads mangy herd of Mexican
cattle in the field.
Meaner, horns long and sharp
for bloody battle, lean from a diet
of prairie weed, looking more
like cattle did years ago
on the plains
than cattle now—
sluggish, pampered globs
stalled year round
for State Fair judges to admire,
stall-salon dolls, hooves manicured
and polished, hide-hair blow-dried, lips
and lashes waxed.
I ride down the dirt road
on Sunshine (my bay mare)
and she smarts
away from their disdainful glare—
come in, try to lasso us,
try to comb our hair.
I admire my ancestors, *llano vaqueros,*
who flicked a home-made cigarette in dust,
spit in scuffed gloves, grabbed one
by the horns, wrestled it down,
branded it, with the same pleasure
they enjoyed in a bunk-house brawl.

What We Don't Tell the Children

Feathers in the yard this morning.
My cat?
Or the two black strays,
ominously staring with orange eyes
from corrugated, rusted sheep-shed roof?
I hear them at night

maullando—
sacudir de ramas, sus chillidos y alaridos,
luego el silencio.

Los mechones de piel de conejo
en las hierbas del campo, hebras de carne
aún tibias sobre los huesos,
las gotas de sangre en tierra cálida.

El mes pasado una pareja de artistas alquiló
a la vuelta de la esquina. Extasiados
con este *lugar primitivo*.
Ella vino una mañana,
con su brazo vendado, y su novio,
el rostro fruncido, jalando aire por los dientes,
ella dijo, "Mi gato se fue patas arriba,
ningún animal debe atacar a otro
mientras esté patas arriba. Esos negros son nefastos.
Deberían de dormirlos."
Su siamés cruzó territorio negro,
ella se les vino encima, pateó a un negro,
y éste, en defensa, le arañó el brazo.

Se fueron un mes después de su llegada,
su camioneta cargada con lienzos, brochas,
cámaras, en busca de *otro lugar primitivo*
aledaño a Santa Fe, un lugar artístico y pintoresco,
tranquilo cuán estanque de una tarde otoñal
donde se inclina el cabo dorado del trigo,
un lugar donde no existen los problemas, donde ningún animal
ataca a otro, donde la gente bien
se arregla como porcelana heredada,
donde no hay contaminación, ni drogas,
ningún mundo patas arriba
que los demás intentamos curar.

Después de que ellos se fueran, Antonio y yo
nos sentamos en el patio, platicando de cómo él
y los negros jugaban al escondite,
cómo él se agazapaba en las frías grietas
estirando su brazo por debajo de las tablas

yeowling—
shush of branches, squeals and shrieks,
then silence.

Tufts of rabbit fur
in backfield weeds, shred of meat
still warm on bones,
blood drops in warm earth.

Artist couple rented around the
corner last month. Were ecstatic
about this *primitive place*.
She came over one morning,
arm bandaged, boyfriend
stern-faced, sucking air through teeth,
she said, "My cat went belly up,
no animal is supposed to attack another
belly up. Those blacks are vicious.
Ought to be put to sleep."
Her Siamese crossed Blacks' territory,
she came upon them, kicked one Black,
and it scratched her arm in defense.

They moved out month after they moved in,
truck loaded with paintbrushes, canvasses,
cameras, to find another *primitive place*
near Santa Fe, quaint artistic place,
tranquil as a pond in autumn evening
where golden-tipped wheat leans,
place with no problems, no animal
attacks another, where gentle folk
are as groomed as heirloom porcelain,
where there is no pollution, no drugs,
no world gone belly-up
the rest of us are trying to heal.

After they left, Antonio and I
sat on the patio, talking how he
and Blacks played hide-n-seek,
how he crouched in cool cracks
reaching his arm under boards

junto a la cerca, se retorcían por debajo,
arañándolo juguetones, sus garras
arropadas entre sus seguras peludas
patas-manoplas.
"¿Donde está el otro negro, Papi?"

"No lo sé, *mejito,*" dije yo.

Decisiones

En el mapa de su oficina
un conocido mío que ingenia armas
en los Laboratorios Los Álamos
marcó una equis donde yo vivo.
Un sentido del humor
tipo *Guerra de las galaxias.* . . .
Él cambió las botas lodosas
Y los *llíns* remendados
por la bata blanca de un internista
y los boleados zapatos negros.
Hace un mes, después de matar a un toro corneado
estábamos parados en una colina de pasto,
y él cavilaba con rasgos dolidos en la cara,
de dónde vendría el dinero
para terminar su cobertizo, sembrar su alfalfa,
y arreglar su tractor.
Ahora sus dedos
jalan hierba cola de caballo,
muerde una semilla en la espiga
entre los dientes y rechina las palabras,
"Vo' a comprar otro tractor
la próxima semana. También más tierra."
El silencio entre nosotros dos es agua gris
que baja en una cubeta de estaño
a un pozo hondo, hondo
a un silencio
molido en machaques continentales
hace millones de años.

by the fence, they squirmed under,
pawing at him playfully, their claws
tucked in their furry mitten-paws
safely.
"Where's the other Black Papi?"

"I don't know, *mejito*," I said.

Choices

An acquaintance at Los Alamos Labs
who engineers weapons
black x'd a mark where I live
on his office map.
Star-wars humor. . . .
He exchanged muddy boots
and patched jeans
for a white intern's coat
and black polished shoes.
A month ago, after butchering a gouged bull,
we stood on a pasture hill,
and he wondered with pained features
where money would come from
to finish his shed, plant alfalfa,
and fix his tractor.
Now his fingers
yank horsetail grass,
he crimps herringbone tail-seed
between teeth, and grits out words,
"Om gonna buy another tractor
next week. More land too."
Silence between us is gray water
let down in a tin pail
in a deep, deep well,
a silence
milled in continental grindings
millions of years ago.
I throw my heart

Aviento mi corazón
al pozo, y cae,
un guijarro brilloso, hasta el fondo.
Es difícil
encontrar palabras. "Habría perdido todo
por lo que he trabajado, si no hubiera tomado el trabajo."
Sus palabras intentan
sacar
a mi corazón
del hondo pozo.
Continuamos caminando en silencio,
nuestra amistad
va a la deriva
alejándose.

El trabajo que odiamos y los sueños que amamos

Cada mañana
Meiyo acelera su camioneta
y la deja calentar. Al interior de la pequeña casa de adobe,
bebe a sorbos su café
mientras su novia Cristi
de Isleta
envuelve su lonch.
La vida está llena de trabajo
que Meiyo odia,
y mientras aserra, *túbaifours*
poda lo largo de *túbaitens* en el serrucho de mesa,
otro mundo dentro de sus venas
graba con agua fuerte, a pleno color,
un cielo azul en sus huesos,
a un hombre siguiendo a una manada de bisontes,
y de repente su martillo se convierte en una lanza
que es arrojada al suelo
emitiendo a un sonido que no entendemos.

into the well, and it falls
a shimmering pebble to the bottom.
Words are hard
to come by. "Would have lost everything
I've worked for, not takin' the job."
His words try to
retrieve
my heart
from the deep well.
We walk on in silence,
our friendship
rippling away.

Work We Hate and Dreams We Love

Every morning
Meiyo revs his truck up
and lets it idle. Inside the small adobe house,
he sips coffee
while his Isleta girlfriend
Cristi
brownbags his lunch.
Life is filled with work
Meiyo hates,
and while he saws, 2 × 4's,
trims lengths of 2 × 10's on table saw,
inside his veins another world
in full color etches
a blue sky on his bones,
a man following a bison herd,
and suddenly his hammer becomes a spear
he tosses to the ground
uttering a sound we do not understand.

Responsabilidad

Lo que somos y lo que hacemos
se nos aparece
como un hombre de abrigo negro y largo,
un acreedor
que ofrece un documento para que lo firmemos
y nos dice que no hay alternativa
más que firmarlo.
En él,
leemos quiénes somos—
deberíamos cambiar éste párrafo,
o el color del pelo,
o la vez que tomamos un viaje,
o la mujer que conocimos en un café,
no es cierto,
o no fue precisamente así.
"Fírmalo,"
dice él,
"Tengo muchos otros qué ver hoy."

Perfecto Flores

para Perfecto

Regateamos
una y otra vez
el precio
de poner tabique.
"Ustedes nada más le pagan
a los ricos, los que
ya tienen dinero.
Yo tengo un patio entero de tabiques
recolectados a lo largo de treinta años
trabajando como albañil.
Te doy buen precio,
los echo a la troca,
traigo arena y grava,

Accountability

Who we are and what we do
appears to us
like a man dressed in a long black coat,
a bill collector
who offers a paper to sign
and says we have no choice
but to sign it.
In it,
we read who we are—
we should change this paragraph,
or the color of the hair,
or the time we took a trip,
or the woman we met in a coffeeshop,
it's not true,
or it didn't turn out quite that way.
"Sign it,"
he says,
"I have many others to see today."

Perfecto Flores

for Perfecto

We banter
back and forth
the price
for laying brick.
"You people only pay
the rich, those who
already have money.
I have a whole yard of bricks
collected over thirty years
working as a mason.
I offer you a good price,
load them on the truck,
bring sand and gravel,

hago el trabajo casi por nada,
y tú no me pagas
la mitad de lo que cobra Hunter."
Tenía razón, cedí,
le pagué a setenta centavos el bloque.
Al día siguiente
los trajo,
remolcando al mezclador de cemento,
detrás de su vieja troca.
Rodeó el tronco del sauce llorón
con bloques
sobrantes de departamentos
en los que trabajó
hace seis años,
luego vació cemento
y lo allanó con su paleta.
Después de terminar, preguntó,
"¿Puedo quedarme con este rollo de alambre que está atrás?"
Vive de la chatarra, construyó tres casas
para sus hijas con chatarra
de obras ajenas.
En inglés
su nombre es Perfect Flower.
Hombre fornido con hombros de toro,
que hace cuarenta años vino de México,
cansado de las minas, del espíritu
soñoliento de los mexicanos. ". . . Yo fui el primero
en decir que no viajaría en el viejo camión.
Se estaba cayendo a pedazos. Me negué, y
siguieron los demás, y pronto un camión nuevo
se subió a la montaña."
Le di nuestro viejo Falcón
por echar piso de cemento
en la cabaña de huéspedes,
el frasco de dientes de maíz bendito
morado-negros
de Acoma
por ayudarme a desarraigar un árbol,
le di siete conejos
y una caja de pollos
por ayudarme a cortar arcos de adobe.

do the work almost for nothing,
and you won't pay me
half what Hunter charges."
He was right, I relented,
paid him seventy cents a block.
The next day
he brought them,
towing cement mixer
behind his old truck.
He rounded the weeping willow
trunk with blocks
left over from apartments
he worked on
six years ago,
then poured cement
and troweled it smooth.
After he was done, he asked,
"Can I have that roll of wire back there?"
He lives my scraps, built three houses
for his daughters with construction site
scraps.
In English
his name is Perfect Flower.
Brawny man with bull shoulders,
who forty years ago came from Mexico,
tired of the mines, the somnolent
spirit of Mexicans. ". . . I was the first one
to say I wouldn't ride the old bus.
It was falling apart. I refused, and
the rest followed, and soon a new bus
was brought up the mountain."
I gave him our old Falcon
for pouring cement floor
in the guest cottage,
jar of blessed black-purple
Acoma corn kernels
for helping me uproot a tree,
gave him seven rabbits
and a box of chickens
for helping me cut adobe arches.
We curse and laugh as we work.

Maldecimos y reímos mientras trabajamos.
Él orgullosamente empuja una carreta
rebosante con cemento. "¡Ah! Sesentaidós, cabrón!
Y tú, noo! ¡Te quebrarías la espalda!"
Se burla de mí, orgulloso de su fuerza.
No hay nada que le haga brillar el rostro
tanto como las historias de sus años como trabajador,
las hazañas valorosas en las minas
cuando lo llamaron para desactivar la dinamita
que no explotó. Bajo, cuadrado
canoso, siempre en su patio
esparciendo semilla para los pollos, clavando, serrando,
siempre en el overol de lona.
Mastica una hierba del suelo,
carga un cabo de lápiz y bola de papel mugriento
para hacer cuentas, y
siempre se voltea a verme cuando manejo,
o camino hacia adentro del patio
con una sonrisa pícara,
su amor por contar historias
compitiéndolo con el mío.
Gruñe de risa
al ver las ampollas en mis manos,
se quita los guantes,
abre sus palmas hacia arriba —
es como el dueño de una galería que devela
su preciado cuadro de Van Gogh,
"¡Mira! Podrías afilar una lima
sobre estas manos," sonríe orgulloso.

Mi tío Baca el poeta de Socorro

Antonio Ce De Baca
cincelado en lápida trozo de piedra
recargada contra una cruz blanca de madera.
Tormentas de polvo borraron las fechas de muerte y nacimiento.
Poeta de Socorro,
cuyos poemas despertaron a *la gente*

He proudly hefts a wheelbarrow
brimmed with cement. "Ah! Sixty-two, *cabrón!*
And you, naa! You would break your back!"
He ribs me, proud of his strength.
He has nothing that glows his face
so much as stories of his working years,
feats of courage in the mines
when he was called upon to defuse dynamite
that didn't explode. Short, stocky
gray-haired man, always in his yard
scattering chicken seed, nailing, sawing,
always in jean overalls.
Chews a ground weed,
carries a stub pencil and grimy wad of paper
for figuring, and
always turns to me when I drive
or walk into his yard
with a roguish grin,
his love of telling stories
competing with mine.
He growls with laughter
at the blisters on my hands,
takes his gloves off,
spreads his palms up—
a gallery owner who strips black cloth
off his prized Van Gogh painting,
"Look! You could sharpen a file
on these hands," he grins proudly.

Mi tío Baca el poeta de Socorro

Antonio Ce De Baca
chiseled on stone chunk gravemarker,
propped against a white wooden cross.
Dust storms faded the birth and death numbers.
Poet de Socorro,
whose poems roused *la gente*

para que exigieran la devolución de sus derechos agrarios,
hasta que una noche—esa noche terrible—
unas pezuñas sacudieron tu casa de adobe de un solo cuarto
con suelo de tierra, llama de farol
bailó sombras de mal agüero en las paredes,
y tu rayaste sobre la hoja,
"¡Aquí vienen! ¡Aquí vienen!
Here they come!"
Las pezuñas desgarraron tu jardín,
Las pistolas brillaban azules
golpeando enojadas en tu puerta.
                         Te pusiste de pie.
Las botas negras se escabulleron por las cuatro paredes de adobe
pisoteando sembradíos.
Estallaron a través de la puerta.
Era una noche cálida e impregnada con el olor
de su tabaco, azufre y cuero.
Las caras enmascaradas en paliacates polvorosos,
los hombres que vestían con los restos de uniformes de Rinche,
los brazos te volcaron hacia fuera,
donde soberbios jóvenes montados
sostuvieron antorchas y aclamaron en inglés,
"¡Maten a tiros al mexicano! ¡Mátenlo a tiros!"
La saliva voló desde los frenos
al empinarse los caballos que se apartaban de ti,
mientras los reclutas con los nudillos rojos apretaban las riendas,
vaciando whisky sobre ti briagamente,
pateándote hacia arriba del monte junto a la yuca,
donde tú te volteaste, y encaraste el grito
de los rifles con tu silencio.

                   Tu casa aún está de pie.
El estaño ceniciento cubre los huecos de las ventanas,
las malas hierbas crecen en el techo de tierra
que se recarga como la mano de un anciano
sobre un bastón de viga. . . .
Camino una milla a la iglesia,
una oración en mis labios conecta
los años de desastre entre nosotros.
Quizás las cosas mejoren.
Quizás devendrá nuestra lucha

to demand their land rights back,
'til one night—that terrible night,
hooves shook your earthen-floor
one-room adobe, lantern flame
flickered shadowy omens on walls,
and you scrawled across the page,
"¡Aquí vienen! ¡Aquí vienen!
Here they come!"
Hooves clawed your front yard,
guns glimmering blue
angrily beating at your door.
                    You rose.
Black boots scurried round four adobe walls,
trampling flower beds.
They burst through the door.
It was a warm night, and carried the scent
of their tobacco, sulphur, and leather.
Faces masked in dusty hankies,
men wearing remnants of Rinche uniforms,
arms pitchforked you out,
where arrogant young boys on horses
held torches and shouted,
"Shoot the Mexican! Shoot him!"
Saliva flew from bits
as horses reared from you,
while red-knuckled recruits held reins tight,
drunkenly pouring whiskey over you,
kicking you up the hill by the yucca,
where you turned, and met the scream
of rifles with your silence.

          Your house still stands.
Black burnt tin covers window openings,
weeds grow on the dirt roof
that leans like an old man's hand
on a cane viga. . . .
I walk to the church a mile away,
a prayer on my lips bridges
years of disaster between us.
Maybe things will get better.
Maybe our struggle to speak and be

por hablar y ser como somos.
Por ahora, bebo en tu espíritu, Antonio,
para que me nutras mientras desciendo
hacia los abismos peligrosos del futuro.
Aquí vine esta madrugada
a las 4:30 para caminar sobre mi historia.
Me senté junto a la yuca, y te imaginé otra vez,
caminando hacia mi
con tu cara agria, los ganchos tortuosos
jalando tu ceja en esas arrugas tuyas,
las mejillas agotadas por la derrota,
la cara fija con dignidad implacable.
La suavidad en tus ojos café
me dijo que ya no soportabas más.
Ahora hablarás con los ángeles.
Fui tras de ti a la iglesia,
tus voluminosos hombros de trabajador de campo
se inclinan adelante presurosos
como si los ángeles en verdad nos esperasen.
Tus pasos de remordimiento
sobre las hierbas crujientes
resuenan por última vez
y anuncian que te oiré y veré. La tenacidad grabada
en cada paso. Quiero creer
que cualquier problema que tengamos, el tiempo lo tomará
en su curso, y será soportado y consumido.
La iglesia se inclina en una colina, sombría y elegante.
Después de ti, jalo firmemente la puerta del interior macizo.
Te hincas ante la Virgen de Guadalupe,
tus sangrados labios apenas moviéndose,
tu gran cabeza gris inclinada escuchándome,
la vieja chaqueta perforada con sangrientos agujeros de bala.
Cierro la puerta, y escudriño la pradera,
considerando las palabras *fe, plegaria,* y *perdón,*
deseando que, como tú, pudiese creerlas.

as we are, will come about.
For now, I drink in your spirit, Antonio,
to nourish me as I descend
into dangerous abysses of the future.
I came here this morning
at 4:30 to walk over my history.
Sat by the yucca, and then imagined you again,
walking up to me
face sour with tortuous hooks
pulling your brow down in wrinkles,
cheeks weary with defeat,
face steady with implacable dignity.
The softness in your brown eyes
said you could take no more.
You will speak with the angels now.
I followed behind you to the church,
your great bulky field-working shoulders
lean forward in haste
as if angels really did await us.
Your remorseful footsteps
in crackly weeds
sound the last time
I will hear and see you. Resolve is engraved
in each step. I want to believe
whatever problems we have, time will take
its course, they'll be endured and consumed.
Church slumps on a hill, somber and elegant.
After you, I firmly pull the solid core door back.
You kneel before La Virgen De Guadalupe,
bloody lips moving slightly,
your great gray head poised in listening,
old jacket perforated with bloody bullet holes.
I close the door, and search the prairie,
considering the words *faith, prayer* and *forgiveness*,
wishing, like you, I could believe them.

Noticias

Acabo de regresar del pueblo, conduciendo
por la carretera,
para oír las últimas noticias.
En el porche con otros hombres,
Dennis, un inmigrante con acento tejano,
cuenta su versión,
"Lo sabíamos,
pero no tan mal, no Señor.

La tierra se arrugó
entornando los ojos hacia las nubes,
y aquellos surcos bonitos y gordos
se enflacaron como una anciana."
(Se echó un trago. Se limpió los labios.)

"Ese calor se vino encima
enojado como una gallina empapada,
y cuando el calor pegó con el frío,
Dios Santo. Tan oscuro que se puso,
tan oscuro se puso ese cielo negro del carajo.
Empezó por allá. Yo lo vi venir,
era granizo grande, como bolas de golf o como manzanas pequeñas.
Parecía que alguien tomara una hacha
y tajara aquellas hojas de chile
de un solo golpe. Los tallos de mazorca parecían estacas,
ancina fue todo.

"Maldita sea,
varios pies de hojas abultadas en la carretera
frente a la casa de Baca. Y Chambers
parado ahí, mirando por la ventana.

"Salí por ahí, por ese estanque allá atrás.
Pa' que 'vanzar más, por dios,
el campo de Padilla estaba totalmente aplastado.
Dio vuelta, vino por la tienda desos árabes,
pisoteando mazorca y arrastrando hojas.

News

Just drove back from town,
I walk down the road
to hear the latest news.
On the porch with other men,
Dennis, a migrant with a Texas twang,
tells his version,
"We knew it,
but not this bad, lord no.

Land wrinkled up
squinting at the clouds,
and them fine fat rows
got thin as an old woman."
(He took a drink. Wiped his lips.)

"That heat came on
angry as a wet hen,
and when the heat hit the cold
lord, lord. Some darkening it got,
put that sky damn black.
Started over that way. I seen it come,
hail big as golf balls and small apples.
Looked like someone took an ax
and hacked them chili leaves
right clean. Stalks looked like stakes,
es all like that.

"Doggonit,
leaves stacked feet deep in the road
front of Baca's house. And Chambers
standing there, looking out the window.

"I came out round that pond back there.
No need to go mo, by god,
Padilla's field was plum flat.
It turned, came round them Arabs' store,
stomping corn and rag'n leaves.

"Mucho llanto en las cocinas,
te digo, era todo lo que podían hacer.
Se llevó esos cultivos, y ni uno
desos muchachos tenía seguro.

"Subí por la pradera de Pete,
una que limpiamos hace unos años.
Atrasito desos bosques. Esos.
Ahí estaba Pete sentado en su camioneta
tomando sólo. No hizo falta
mirar más.

"Bajé a la tienda de Chávez
y me llené un frasco albañilero con whisky.
Cada vez que ese viento pegaba, volaba a las sillas
fuera del porche y azotaba el columpio de banca
contra la pared y el techo, yo me tomaba un trago.
No Señor, no era necesario ni un viento ni una lluvia así."

Caminé por la carretera, ninguna necesidad
de prender la tele para ver las noticias de la tarde.

Influencias

Me he perdido tanto de la vida,
mi rostro como un felpudo, tantas veces he visto las suelas de
los zapatos y las botas de los viajeros, he olido el césped y la tierra entre
sus tacos, y he pasado una vida imaginando sus viajes.

"Lots of crying in kitchens,
I tell you, es all they could do.
Took them crops, and not single one
'm boys had insurance.

"I went up by Pete's meadow
one we cleared some years ago.
Back behind them woods. That's right.
Pete was there sitting in his truck,
drinking by himself. Didn't need
to see no mo.

"Went on down Chavez store
and filled me a mason jar with whiskey.
Everytime that wind hit, blew chairs
off porch and knocked porchswing
'gainst wall and ceiling, I'd take a drink.
Lord no, didn't need no wind and rain like that."

I walked down the road, no need
to turn on the tv for the evening news.

Influences

I have missed so much of life,
my face like a doormat, has so often seen the undersoles of
travelers' shoes and boots, smelled the greens and dirts in
their cleats, and I have spent a life imagining their travels.

Hacia la luz

Algunas pulgadas debajo
de la superficie del suelo,
mi hijo desenterró una rana
con el talón.
Murió a medio salto.
Manos-gancho encorvadas, quebradizas,
palada de tierra debajo de
su panza con motas negras.
      Las hendeduras de fosas nasales
        abiertas
ante el calor tibio de la primavera,
las piernas traseras dieron de empellones
a la densa tierra, empujaron, empujaron,
'riba, 'riba, hasta que el viejo minero
exhausto, dejó
caer piernas y brazos,
los dedos pequeños del pie
dispersaron una última palada de tierra,
después descansó su gaznate ancho
solemnemente, su boca severa,
y murió en un salto hecho una mueca hacia la luz,
una pulgada hacia arriba.
      La recojo,
          granos de arena
hacen tic-tac dentro de la concha vacía,
párpados cicatrices oscuras, nariz respingona achatada.
Rey Olmeca
desenterrado por el tenis de mi hijo
lo entrono en mi cachucha de béisbol,
lo traigo a casa, lo acomodo junto
a otros tesoros en la cabecera de mi escritorio —
       mariposa monarca,
       piedra de obsidiana,
       piñones, piñas,
       guijarros, pluma de águila,
       capullo marchito de rosa,
       huevo de un petirrojo
       mechón de algodón del nido de un gorrión —

Toward the Light

Few inches beneath
ground surface,
my son heel'd up
a frog.
It died in leap.
Crook't brittle hook-hands,
scoop of dirt beneath
its black flecked belly.
       Nostril slits
       flared
to the faint warmth of spring,
back legs shoved
at dense dirt, pushed, pushed,
up, up, 'til exhausted old
miner let
legs and arms go limp,
small toes
fanned out a last back-dirt scoop,
then it rested its broad gullet
down gravely, severe-mouthed,
and died in a grimaced leap at light
an inch above.
       I pick it up,
          sand grains
tick inside hollow shell,
eyelids dark scars, blunted snub nose.
Olmec King
unearthed by my son's sneaker
I enthrone in my baseball cap,
bring home, set next
to other desk-top jewels—
       Monarch butterfly,
       obsidian stone,
       piñons, pine cones,
       pebbles, eagle feather,
       withered rose bud,
       robin's egg,
       tuft of sparrow's nest cotton—

bienvenido Rey Olmeca,
bienvenido,
a mi humilde museo,

donde cada cosa transmite
un aspecto de mi propio viaje.

Cuento de cuna para los niños

Yazco en la cama y ellos corren hacia mí,
brincan encima gritando
"¡Cuéntanos un cuento, Papi!"

Lo que hicimos juntos
se vuelve un cuento mágico

"Un hombre construye un patio. Dos pequeños
cavan a la par de Papi. Encuentran
un gusano decidido a convertirse
en una mariposa tan grande como sus manos.
'¿Cómo están, pequeños?'
pregunta la mariposa. Los pequeños cierran
sus ojos y la mariposa
los lleva al interior de la tierra,
a su hogar. Las cosas brillan.
'Esos son soles bebé,' dice la mariposa,
'cuando estén listos caminarán el largo
viaje a través de la Tierra. Trabajar para brillar. . . .'"

Los ojos de mis hijos, párpados pesados
por el resplandor, lentamente se cierran.
Sueñan que están aventando soles bebé
al aire, saltando detrás de ellos,
mientras ruedan a través de la calle,
luego se dirigen hacia arriba, flotando junto a
las ventanas de multifamiliares de padres con insomnio,
viendo el show de David Letterman,
la máquina de hacer burbujas. . . .

welcome Olmec King
welcome,
to my humble museum,

> where each thing conveys
> an aspect of my own journey.

Bedtime Story to the Boys

I lie in bed and they run after me,
jump onto the bed, and cry,
"Tell us a story, Papi!"

What we did together
turns into a magical story

"A man builds a patio. Two little boys
dig next to Papi. They find
a worm, which decided to turn
into a butterfly, big as their hands.
'How are you, little boys?'
Butterfly asks. Little boys close
their eyes and butterfly
takes them down into earth,
to its home. Things shine.
'Those are baby suns,' Butterfly says,
'when they are ready they will walk the long
journey cross the earth. Work to shine. . . .'"

My sons' eyes heavy-lidded
from the glow, slowly close.
They dream they are throwing baby suns
in the air, skipping after them,
as they roll across the street,
then sail upward, floating past
tenement windows of wakeful parents,
watching David Letterman show,
the bubble machine. . . .

La alegría diaria de estar vivo

No importa cuán serenas
estén las cosas en mi vida,
cuán bien vayan las cosas,
mi cuerpo y alma
son las cimas de dos precipicios
de donde cae un sueño de quien yo puedo ser,
y yo debo aprender
a volar otra vez cada día,
o morir.

La muerte inspira respeto
y miedo a los vivos.
La muerte no ofrece
salidas en falso. No es
un árbitro con una pistola de corcho
en la línea de salida
de los cien metros planos.

Yo no vivo para recuperar
o multiplicar lo que mi padre perdió
o ganó.

Continuamente me descubro en las ruinas
de nuevos inicios,
desenroscando la soga de mi vida
para descender siempre más hondo en abismos desconocidos,
amarrando mi corazón en un nudo
alrededor de un árbol o un peñasco,
para asegurarme que tengo algo que me sostendrá,
que no me dejará caer.

Mi corazón tiene muchas hendiduras de llama empernadas con espinas
saltando de las veladoras rojas.
Mis sueños parpadean y retuercen
en el altar de ésta tierra,
la luz que lucha con la oscuridad,
la luz que irradia en la oscuridad,
para ensanchar azul a mi día,

A Daily Joy to Be Alive

No matter how serene things
may be in my life,
how well things are going,
my body and soul
are two cliff peaks
from which a dream of who I can be
falls, and I must learn
to fly again each day,
or die.

Death draws respect
and fear from the living.
Death offers
no false starts. It is not
a referee with a pop-gun
at the starting line
of a hundred yard dash.

I do not live to retrieve
or multiply what my father lost
or gained.

I continually find myself in the ruins
of new beginnings,
uncoiling the rope of my life
to descend ever deeper into unknown abysses,
tying my heart into a knot
round a tree or boulder,
to insure I have something that will hold me,
that will not let me fall.

My heart has many thorn-studded slits of flame
springing from the red candle jars.
My dreams flicker and twist
on the altar of this earth,
light wrestling with darkness,
light radiating into darkness,
to widen my day blue,

y todo lo que es cera se derrite
en la llama—

¡Yo puedo ver copas de árbol!

Mesa negra

para Rito

El pico en forma de U más al norte
del desierto chihuahuense
infunde
mi casa
con su sombra oscura
e inclina mis pensamientos
en su dirección
mientras el viento dobla una fila de árboles
hacia él.

La quiero visitar
antes de llegar el invierno,
y equilibrarme
en la alcantarilla que comunica
mi terreno
con el Pueblo Isleta.
Los hilos de agua se desmenuzan
por hoyos oxidados
y las burbujas de verdín y las algas negras
abajo.
Las ramas embisten el pasaje,
y sacan sangre a mi hombro
mientras paso en cuclillas,
luego escalo la cerca que dice No Pasar.

No sé lo que este año ha significado para mí,
pero he venido aquí a encontrar una pista.
Por Mesa Negra oriente
allanada con tractores en el '68
para continuar la I-25 Sur.

and all that is wax melts
in the flame —

I can see treetops!

Black Mesa

for Rito

The northern most U-tip
of Chihuahua desert
infuses
my house
with its dark shadow,
and leans my thoughts
in its direction
as wind bends a row of trees
toward it.

I want to visit
it
before winter comes,
and balance myself
across culvert that connects
my field
to Isleta Pueblo.
Strings of water trellis
from rusty holes
and bubble scum and black moss weed
below.
Branches barrage the passage
and draw blood at my shoulder
as I crouch past,
then climb No Trespassing fence.

I don't know what this year has meant to me,
but I've come here to find a clue.
Up Black Mesa's east side,
'dozed in '68

El cielo bañó con piedras
a niños jugando
en las orillas de zanjas,
los truenos de dinamita agrietaron porches,
los cimientos, y las paredes
con voltios estremecedores.

Rito fue asesinado aquí
por sheriffes,
un activista chicano de boina café
que enseñó a los niños en el barrio
nuestra propia historia,
intentó impedirles
que dinamitaran Mesa Negra.
Y ahora, debajo de mis botas de excursión su sangre
penetra minerales
y forma cristales rojos,
plato ceremonial Chac Mool
sobre el cual el guerrero Azteca Rito
sacrificó su corazón al sol.

Rito creyó en una justicia
cuya historia
no tiene márgenes.

A mi derecha, un chorro
de cantos rodantes filosos
desfila hacia abajo,
las orillas dentadas de una llave
que abre mi vida oscura
y le da cierto significado
de honor y verdad.

Yo me re-imagino aquí,
y jadeo el mismo aire
exprimido de éstas piedras hace mil años.

Grabados en planchas,
el lobo y el coyote visten de
pieles de piedra,
me miran pasar, en silencio

to run I-25 south.
Sky showered stones
at children playing
on ditchbanks,
dynamite blasts cracked porches,
foundations, and walls
with shuddering volts.

Rito was murdered here
by sheriffs,
brown beret Chicano activist
who taught children in the barrio
our own history,
tried to stop
them blasting Black Mesa.
And now, under my hiking boots his blood
crossbeds minerals
and forms into red crystals,
ceremonial Chac-Mool plate
on which Aztec warrior Rito
sacrificed his heart to the Sun.

Rito believed in a justice
whose history
is without margins.

To my right, a steep downdrift
gush of cutting boulders,
the jagged edges of a key
that opens my dark life
and gives it a certain meaning
of honor and truth.

I re-imagine myself here,
and pant the same breath
squeezed from these rocks 1000 years ago.

Etched on slabs,
wolf and coyote wear
skins of stone,
watch me pass, silent

ante lo corto de mi vida, mi
visita breve aquí en la tierra.
Froto el braille áspero
de cada dibujo
en la plancha fresca de la grieta,
y descubro en esta aparente destrucción
una narración de amor
por los animales y la tierra.
Sigo adelante,
trepo peñascos vaciados
en una barranca,
y me pongo de pie en la orilla plana de la cumbre
de la Mesa Negra, tiene pelusa
de chaparral, cactus, y mala hierba.

En grietas de lava,
aprendo a leer, oler y oír
la oscuridad de nuevo hasta que las profundidades negras
clarean lentamente hacia el crepúsculo
y el hombre viejo que vive
en la piedra
me ofrece una perspectiva distinta
de la vida y la muerte.

Yo creo que a pesar de cualquier tragedia que
que pase en mi vida, me puedo poner de pie
otra vez y seguir adelante.

Yazco en una plancha de piedra
y duermo una siesta a la luz del sol
sin temer a las víboras que polvorean las piedras
a mi alrededor.

En plena meditación ociosa
estoy en un café pequeño
en Española.

Me siento en una mesa redonda de madera.
Un hombre se me acerca,
se sienta frente a mi, y afirma,
        "Gracias por la piedra en mi mente.
        Me canta y todavía le escucho."

at the shortness of my life, at my
brief visit here on earth.
I finger the rough braille
of each drawing
in the cool crevice slab,
and discover in this seeming destruction
a narrative of love
for animals and earth.
I go on,
climb boulders drained
down a rip gorge,
and stand on the flat cap rim
of Black Mesa, fuzzed
with chaparral, cacti and weeds.

In lava cracks,
I learn to read, smell and hear
the darkness again 'til black depths
lighten slowly to twilight
and the old man who lives
in stone
offers me a different view
of life and death.

I believe that whatever tragedy
happens in my life, I can stand on my feet
again and go on.

I lay on a slab stone
and nap in sunlight
unafraid of snakes that plume stones
around me.

In sluggish revery
I am in a small café
in Española.

Seat myself at a round wooden table.
A man approaches me,
sits across from me, and states,
        "Thank you for the stone in my mind.
        It sings to me and I still listen to it."

Me tallo el resplandor solar de los ojos y miro alrededor,
como si él estuviera sentado junto a mí,
luego camino hacia la orilla empedrada de labios-negros.
Las casas lánguidas de adobe encalado están
oscurecidas por ramas lozanas.
Me doblo
y me embolso un fragmento de lava como recuerdo
de mi ascenso de la piedra,
                        y me voy.

Tengo una vista del tamaño
de una cordillera,
para hablar el lenguaje del corazón.
Para escribir la historia de mi alma
trazo en el silencio y la piedra
de Mesa Negra.

Mi esperanza quiebra la corteza de esta hora
y se fermenta
en la oscuridad del mañana, en
otro año de vida,
para evolucionar con el universo,
a la par de su catástrofe creativa.

I rub sun glare from my eyes and look around,
as if he sat next to me,
then walk over to the black-lipped rim rock.
Languid white washed adobe houses below are
obscured by lush branches.
I bend
and pocket a lava chip as token
of my ascent from stone,
                        and go.

I have a vision of mountain range
proportions,
to speak the heart's language.
To write the story of my soul
I trace in the silence and stone
of Black Mesa.

My hope breaks this hour's crust
and ferments
into tomorrow's darkness, into
another year of living,
to evolve with the universe,
side by side with its creative catastrophe.

INMIGRANTES EN TIERRA PROPIA

IMMIGRANTS IN OUR OWN LAND

(1990)

El mundo guapo

El mundo guapo, de hombros anchos, con sus grandes ojos azules, sus venas retorcientes y vigorosas, sus manos ásperas, adecuadas para cualquier cosa, girando, y sus piernas cerrando el paso al cielo, mundo gigante en que vivo yo, tu abrazo tremendo, tu pelo despeinado durante la jornada laboral, o en la noche, te paras con postura erguida y centelleante, acompañando a las mujeres más bellas, y, bajo las luces, me quedo inmóvil preguntándome si eres un dios, si otros dioses en sus tronos estrellados se inclinan hacia adelante desde sus edenes somnolientos, para reflexionar sobre tus brazos crecientes, tu voz ahora más robusta, tu admiración por ellos, y en tus ojos, una chispa casi indistinguible de guerra renegada, llora y brilla desafiantemente.

Está todo bien, ciudades de América corpulentas, de pechos anchos. Ahogándose en tu licor y juego y prendas, tus rebeldes y bibliotecas, tus vasos sanguíneos llenados y atiborrados como si presas se desataran y se lanzaran hacia alcantarillas y barrancos, nadie te puede parar, todos se apuran a sus barcos hechos de hueso, y velas hechas de tela roja del corazón, y te navegaban América, saludando a otros, todo pasando, pasando y flotando de largo.

Entonces en toda tu maravilla y en tu magnífica grandeza, me pregunto, ¿quién soy yo aquí? Y pensando en esto, siento como madera que flota en el mar a la deriva, golpeada y embarrancada en cualquier orilla, agarrada por cualquier mano en lo más alto, llevando su peso, y yo debajo, burbujeando por la vida, por cada aliento.

Después dije, demostraré que soy alguien en la vida. Dejé lo que estaba haciendo, y partí sin nada más que yo. Pues, ahora, esta es la suma de lo que soy, respirando con un ojo fijado hacia la distancia. O, que encantador, que alegría ser sólo yo. Levanto mis encías rosadas como un chimpancé salvaje, echo atrás la cabeza, me río entre dientes blancos de este zoológico asombroso y sus visitantes, bolsillos llenos de palomitas, y mordiendo manzanas de caramelo crujientes, simplemente me río, y salto por la calle . . . caminando todo el día, libre de mi correa.

¿Entonces este soy yo? ¿El mundo un patio de recreo de barrotes de acero y tiovivos? ¿Pero ves el sol allí arriba? Ves el cielo, y como gotea con lluvia como vigas viejas, y desde sus rincones pájaros bajan en picado y se lanzan, ves esta tierra, la uniformidad contra montañas crueles, enojadas, lo veo todo; la luz deslumbrante del cromo y del vidriado de las ventanas, el suspenso y ambición de jóvenes jugando a béisbol, en parques, y aceras salpicadas de la sangre de la noche, y el policía acostándose con su esposa y tirándose un pedo en el baño, y después, tan acicalado y boleado, pasando las tiendas en la calle, hola dice a uno, hola dice a otro. Duermo en el césped pensando en

The Handsome World

The handsome, broad-shouldered world, with
its great blue eyes, its thrashing and vigorous veins, its
rough hands fit for anything, turning, and its legs blocking
up the sky, giant world I live in, your tremendous embrace,
your uncombed hair during the workday, or at night, you
stand erect and glittering, escorting the most beautiful
women, and under the lights, I stand wondering if you are
a god, if other gods in their starry thrones lean forward
from their sleepy edens, to ponder on your growing arms,
your fuller voice, your looking up to them, and in your
eyes, a slight spark of renegade war, cries and shines
defiantly.

It's all well, husky barrel-chested cities
of America. Drowning in your liquor and gambling and clothes,
your rebels and libraries, your blood vessels filled and gorged
as if dams broke loose and hurtled toward gutters and gulches,
none can stop you, all rush to their boats made of bone,
and sails made of red cloth from the heart, and sail you America,
waving to others, all passing, passing and floating by.

So in all your grand wonder and greatness,
I wonder, who am I here? And thinking of this, I feel like
driftwood, knocked and banked on any shore, grabbed by any
hand up high, carrying its weight, and I beneath, bubbling
for life, for each breath.

Then I said, I will prove I am someone.
I dropped what I was doing, and left with nothing but me.
Well, now, this is all I am, breathing with firm eye toward
the distance. Ah, how lovely, how happy I am to be just me.
I raise my pink gums like a wild chimpanzee, tilt my head back,
chortling white-toothed, at this amazing zoo and its visitors,
pockets filled with popcorn, and crunching candy apples,
I just laugh and jump down the road . . . walking all day, free
of my leash.

So this is who I am? The world a playground
of steel bars and merry-go-rounds? But you see the sun up
there? You see the sky, and how it drips with rain like old
rafters, and from its corners birds swoop out and dive, you
see this land, the uniformity against cruel angry mountains,

esto, y puedo ser detenido por dormir en el césped, y me río mirando el cielo, llenando el cielo con mi risa, y las copas de los árboles se inclinan y los pájaros se dispersan.

Me pongo de pie, césped a todos mis alrededores, y comienzo a caminar a través de la alta hierba, escuchándome vivir, oyendo mi pie levantarse y plantarse, levantarse y plantarse, cargándome como un animal callejero, uno sagrado que se levantó del barro, con mente de hombre, corazón de tierra, asumiendo mi forma física como otros, desde ahora, yo grito y aúllo y amo y me río, soy yo.

Inmigrantes en tierra propia

Nacemos con sueños en nuestros corazones,
buscando mejores días en el porvenir.
En las puertas se nos dan nuevos papeles,
nuestra ropa vieja nos quitan
y se nos dan overoles como usan los mecánicos.
Se nos dan inyecciones y los médicos nos piden información.
Después nos reunimos en otra habitación
donde consejeros nos orientan sobre la tierra nueva
donde ahora viviremos. Hacemos exámenes.
Algunos de nosotros fuimos artesanos en el viejo mundo,
buenos con las manos y orgullosos de nuestro trabajo.
Otros fueron buenos con sus cabezas.
Usaron el sentido común como los catedráticos
usan gafas y libros para alcanzar al mundo.
Pero la mayoría de nosotros no terminamos la escuela preparatoria.

Los viejos que han vivido aquí nos miran fijamente,
desde ojos profundos y trastornados, enfurruñando, retirados.
Los pasamos mientras quedan allí parados sin propósito fijo,
apoyándose en palas y rastrillos o contra paredes.
Nuestras expectativas son altas: en el viejo mundo,
hablaron de rehabilitación,
de poder terminar la escuela,
y aprender un buen oficio de extra.

I see it all; the glare of chrome and glaze of windows,
the suspense and ambition of young boys playing baseball
in parks, and sidewalks splattered with the night's blood,
and the policeman sleeping with his wife and farting in
the bathroom, and then after, so groomed and polished,
passing shops along the street, hello he says to one,
hello to another. I sleep in the grass thinking of this,
and can be arrested for sleeping on the grass, and I laugh
looking at the sky, filling the sky with my laughter,
the treetops bend and birds scatter out.
                    I stand up, grass all around me, and start
walking through the tall grass, listening to myself live,
hearing my foot lift and set, lift and set, carrying me
like a stray animal, a holy one who rose out of mud, with mind
of man, heart of earth, taking my body-form as others,
from now on, I scream and howl and love and laugh, I am me.

Immigrants in Our Own Land

We are born with dreams in our hearts,
looking for better days ahead.
At the gates we are given new papers,
our old clothes are taken
and we are given overalls like mechanics wear.
We are given shots and doctors ask questions.
Then we gather in another room
where counselors orient us to the new land
we will now live in. We take tests.
Some of us were craftsmen in the old world,
good with our hands and proud of our work.
Others were good with their heads.
They used common sense like scholars
use glasses and books to reach the world.
But most of us didn't finish high school.

The old men who have lived here stare at us,
from deep disturbed eyes, sulking, retreated.
We pass them as they stand around idle,

Pero inmediatamente nos mandan a trabajar de lavaplatos,
a trabajar en campos a tres centavos por hora.
La administración dice que esto es provisional.
Entonces hacemos nuestro trabajo como cualquier otro día, negros con negros,
blancos pobres con blancos pobres,
chicanos e indios solos.
La administración dice que esto es correcto,
no hay que mezclar las culturas, deja que permanezcan separadas,
como en los viejos barrios de donde vinimos.

Vinimos aquí para huir de falsas promesas,
de los dictadores en nuestros barrios,
que vestían trajes azules y derribaban nuestras puertas
cuando querían, nos arrestaban cuando les diera la gana,
balanceando garrotes y disparando pistolas a su gusto.
Pero aquí nada es distinto. Está todo concentrado.
No les importamos a los médicos, se descomponen nuestros cuerpos,
se deterioran nuestras mentes, no aprendemos nada de valor.
Nuestras vidas no se mejoran, caemos rápidamente.

Mi celda está entrecruzada por las líneas del lavadero,
mis camisetas, calzoncillos, calcetines, y pantalones se están secando.
Justo como era en mi barrio:
desde todas las casas de la vecindad colgaba de una ventana a otra la ropa re-
cién

                                                   lavada.

Frente de mí, Joey está sacando las manos
por las rejas para entregarle a Felipe un cigarrillo,
hay hombres que gritan de acá para allá, de celda a celda,
dicen que no funcionan sus fregaderos,
o alguien de abajo grita con rabia
que un escusado está tapado,
o que no funcionan los calentadores.

Pido a Coyote de al lado que me lance
un poco más de jabón para terminar de lavar mi ropa.
Miro hacia abajo y veo nuevos inmigrantes que van entrando,
sus colchones enrollados que llevan sobre sus hombros,
cortes de pelo nuevos y botas de trabajo,
miran alrededor, cada uno con un sueño en su corazón,
creyendo que tendrán una oportunidad para cambiar sus vidas.

leaning on shovels and rakes or against walls.
Our expectations are high: in the old world,
they talked about rehabilitation,
about being able to finish school,
and learning an extra good trade.
But right away we are sent to work as dishwashers,
to work in fields for three cents an hour.
The administration says this is temporary
so we go about our business, blacks with blacks,
poor whites with poor whites,
chicanos and indians by themselves.
The administration says this is right,
no mixing of cultures, let them stay apart,
like in the old neighborhoods we came from.

We came here to get away from false promises,
from dictators in our neighborhoods,
who wore blue suits and broke our doors down
when they wanted, arrested us when they felt like,
swinging clubs and shooting guns as they pleased.
But it's no different here. It's all concentrated.
The doctors don't care, our bodies decay,
our minds deteriorate, we learn nothing of value.
Our lives don't get better, we go down quick.

My cell is crisscrossed with laundry lines,
my T-shirts, boxer shorts, socks and pants are drying.
Just like it used to be in my neighborhood:
from all the tenements laundry hung window to window.
Across the way Joey is sticking his hands
through the bars to hand Felipé a cigarette,
men are hollering back and forth cell to cell,
saying their sinks don't work,
or somebody downstairs hollers angrily
about a toilet overflowing,
or that the heaters don't work.

I ask Coyote next door to shoot me over
a little more soap to finish my laundry.
I look down and see new immigrants coming in,
mattresses rolled up and on their shoulders,

Pero al final, algunos se quedarán sentados solamente
hablando de de cuán bueno era el viejo mundo.
Algunos de los más jóvenes se harán hampones.
Algunos se morirán y otros seguirán viviendo
sin alma, ni futuro, ni una razón para vivir.
Algunos lograrán salir de aquí con odio en los ojos,
pero tan pocos logran salir de aquí humanamente
como fueron cuando entraron, salen preguntándose para qué sirven ahora,
mientras miran sus manos tanto tiempo alejadas de sus herramientas,
mientras se miran a ellos mismos, ausentes tanto tiempo de sus familias,
tanto tiempo ausente de la vida misma, tantas cosas han cambiado.

Stony, quince años en el bote

Quince años en el bote . . .
Se mueve bien por aquí,
Ojos blindados,
Cuerpo duro como metal,
Un pañuelo doblado delicadamente
Colgando desde su bolsillo trasero
Como coche presidencial
Anda lentamente por el plantel
Saludando de lejos a presos parados
En sus descansos de los bloques de celda,
Con una sonrisa
Que es simplemente parte de las reglas.

new haircuts and brogan boots,
looking around, each with a dream in their heart,
thinking they'll get a chance to change their lives.

But in the end, some will just sit around
talking about how good the old world was.
Some of the younger ones will become gangsters.
Some will die and others will go on living
without a soul, a future, or a reason to live.
Some will make it out of here with hate in their eyes,
but so very few make it out of here as human
as they came in, they leave wondering what good they are now
as they look at their hands so long away from their tools,
as they look at themselves, so long gone from their families,
so long gone from life itself, so many things have changed.

Stony, Fifteen Years in the Joint

Fifteen years in the joint . . .
He knows his way around this place,
Bulletproof eyes,
Body tough as metal,
A neatly folded handkerchief
Hanging out of his back pocket
Like a presidential car
He walks slowly across the compound
Waving at cons standing
On cellblock landings,
With a smile
That is just part of the rules.

Como animal

Detrás de la textura suave
De mis ojos, muy dentro de mí,
Una parte mía ha muerto:
Muevo mis uñas sangrientas
A través de ella, dura como una pizarra,
Rozo mis dedos a lo largo de ella,
Las cicatrices blancas como la tiza
Que dicen TENGO MIEDO,
Miedo de lo que podría ser
De mí, mi verdadero yo,
Detrás de estos muros de prisión.

Cuando la vida

Es cortada cerca de la piel, hojas de cuchillo y huesos,
Y el hedor de cloacas está por todos lados,
Suelos escurriendo con sangre,
Y los guardias cuentan a los muertos
Con un abrir y cerrar de ojos, luego se apuran a casa
A la cena y el amor, lo que nos salva
De volvernos locos es llevar una mirada fija y vacua,
Y un sueño, callado y moribundo.

Like an Animal

Behind the smooth texture
Of my eyes, way inside me,
A part of me has died:
I move my bloody fingernails
Across it, hard as a blackboard,
Run my fingers along it,
The chalk white scars
That say I AM SCARED,
Scared of what might become
Of me, the real me,
Behind these prison walls.

When Life

Is cut close, blades and bones,
And the stench of sewers is everywhere,
Blood-sloshed floors,
And guards count the dead
With the blink of an eyelid, then hurry home
To supper and love, what saves us
From going mad is to carry a vacant stare,
And a quiet half-dead dream.

Así que los mexicanos les están quitando los trabajos a los americanos

¡No me digas! ¿Vienen a caballo
con fusiles, y dicen,
        Hey you, gringo, que me des tu trabajo?

¿Y tú, gringo, te quitas el anillo,
dejas caer tu cartera en una manta
desplegada sobre el suelo, y te marchas?

Me dicen que los mexicanos te están quitando los trabajos.
¿Se acercan sigilosamente al pueblo en la noche,
y mientras tu caminas a casa con una puta,
te asaltan, el cuchillo contra tu garganta,
diciendo, quiero tu trabajo?

Incluso en la televisión, un líder asmático
se arrastra, pesado como tortuga, apoyándose en un ayudante,
y desde un nido de arrugas en su cara,
una lengua rema por olas destellantes
de bombillas, de cámaras, diciendo con aspereza,
"Nos están quitando los trabajos."

Pues, yo me he ocupado de encontrarlos,
preguntando dónde demonios están estos buscapleitos.

Los rifles que escucho sonar en la noche
son de granjeros blancos que pegan tiros a negros y morenos
cuyas costillas veo asomarse
y a niños muriéndose de hambre,
veo a los pobres manifestándose por un poco de trabajo,
veo a los pequeños granjeros blancos vendiéndose
a granjeros de traje limpio que viven en Nueva York,
que nunca han estado en una granja,
no conocen la apariencia de una pezuña ni el olor
del cuerpo de una mujer doblándose todo el día en los campos.

Veo esto, y escucho que sólo algunas personas
tienen todo el dinero en este mundo, los demás
cuentan sus centavos para comprar pan y mantequilla.

So Mexicans Are Taking Jobs from Americans

O Yes? Do they come on horses
with rifles, and say,
                    Ese gringo, gimmee your job?

And do you, gringo, take off your ring,
drop your wallet into a blanket
spread over the ground, and walk away?

I hear Mexicans are taking your jobs away.
Do they sneak into town at night,
and as you're walking home with a whore,
do they mug you, a knife at your throat,
saying, I want your job?

Even on TV, an asthmatic leader
crawls turtle heavy, leaning on an assistant,
and from a nest of wrinkles on his face,
a tongue paddles through flashing waves
of lightbulbs, of cameramen, rasping
"They're taking our jobs away."

Well, I've gone about trying to find them,
asking just where the hell are these fighters.

The rifles I hear sound in the night
are white farmers shooting blacks and browns
whose ribs I see jutting out
and starving children,
I see the poor marching for a little work,
I see small white farmers selling out
to clean-suited farmers living in New York,
who've never been on a farm,
don't know the look of a hoof or the smell
of a woman's body bending all day long in fields.

I see this, and I hear only a few people
got all the money in this world, the rest
count their pennies to buy bread and butter.

Bajo ese mar fresco y verde de dinero,
millones y millones de personas luchan para sobrevivir,
buscan perlas en las profundidades más oscuras
de sus sueños, se aguantan la respiración por años
intentando cruzar la pobreza para tener algo por mínimo que sea.

Los niños ya están muertos. Los estamos matando,
esto es lo que América debería estar diciendo;
por la televisión, en las calles, en las oficinas, debería estar diciendo,
    "No les estamos dando a los niños la oportunidad de vivir que se merecen."

    Los mexicanos nos están quitando los trabajos, dicen en cambio.
    Lo que en verdad dicen es, deja que se mueran,
    y los niños también.

Los pintores

Los pintores me pintan los zapatos,
me pintan el corazón, me pintan la cara,
sus brochas rozan a lo ancho,
a lo ancho, intentando fundirme
con lo demás.

Con torpeza pegajosa,
la luna se despega y sale
dejando un sendero de pasos amarillos,
por el hollín y la mugre.
Las campanas gotean notas de fierro azul
por las calles,
y el viento se pega a las ramas,
pesadas con smog,
como las cerdas mojadas de una brocha
metida en pintura negra;
las mudas ramas endurecidas
escalan hacia arriba astilladamente
rascando el cielo.
Las hojas desportilladas se pelan

Below that cool green sea of money,
millions and millions of people fight to live,
search for pearls in the darkest depths
of their dreams, hold their breath for years
trying to cross poverty to just having something.

The children are dead already. We are killing them,
that is what America should be saying;
on TV, in the streets, in offices, should be saying,
    "We aren't giving the children a chance to live."

    Mexicans are taking our jobs, they say instead.
    What they really say is, let them die,
    and the children too.

The Painters

The painters paint over my shoes,
over my heart, over my face,
their brushes sweep across,
across, trying to blend me in
with everything else.

In gluey clumsiness,
the moon unsticks itself and rises
leaving a trail of yellow footsteps,
through the soot and grime.
Bells drip blue iron notes
down the streets,
and the wind sticks to tree branches,
heavy with smog,
like wet bristles of a brush
dipped in black paint;
the dumb hardened boughs
ladder up splinteringly
scraping the sky.
Chipped leaves peel off

y se golpean
contra puertas grises-oscuras de la ciudad.

Con las cosas olor-acre
de mi alma,
froto las raíces y
froto y froto,
y lentamente emerge
el viejo brillo de una hoja otoñal,
las raíces empiezan a moverse,
y yo sostengo un puñado de tierra
en la palma de mi mano,
y acepto mi singularidad,
mi exilio, de los pintores.

Presos durmiendo en el bloque de celdas

Ellos sueñan al sol alzándose sobre acantilados esculpidos,
Redes transparentes de niebla del alba
Flotan sobre la piedra,
Y las estrellas respiran sus últimas llamas tenues
En el aire cristalino y puro del crepúsculo.
La prisión entera está dormida.
Un solitario pájaro cantor se posa en el alféizar
Con alas extendidas,
En aureola bella de luz del alba creciente;
Cuando el sonido metálico y el rechinar de las puertas de acero está callado,
Canta al nuevo día,
Sus alas invitan a la huída. Aletea,
Y una pluma solitaria gira suavemente hacia abajo
Desde las vigas altas,
Mientras se lanza en picada y sale por una ventana rota.

and beat themselves
on dull dark doors of the city.

With the acrid-smelling stuff
of my soul,
I rub the roots and
I rub and rub,
and slowly the old burnish
of an autumn leaf draws out,
roots begin to move,
and I hold a fistful of earth
in my palm,
and accept my uniqueness,
my exile, from the painters.

Sleeping Convicts in the Cellblock

They dream the sun rising above carved cliffs,
Dawn's transparent nets of mist
Float over the stone,
And stars breathe their last dim flames
Into the crystal pure air of twilight.
The whole prison is asleep.
A lone songbird alights on the windowsill
With outspread wings,
In beautiful halo of widening dawnlight;
When the clang and grind of steel doors is silent,
It sings to the new day,
Its wings beckoning for flight. Its wings flap,
And a lone feather twirls softly down
From the high rafters,
As it swoops out a broken window.

Hombre pequeño

Esta mañana visité a De Leon.
Un hombre pequeño derrumbado en sábanas sucias
Sobre un colchón rasgado.
Me senté al pie de su cama. Él me contó
Historias de los muchos hombres que había visto muertos
En las calles. Me preguntó:
¿Has visto a uno morirse?
Voy a cambiar mi vida dijo.
Vi sus muletas en un rincón.
Cuando salí de su habitación, bajé la escalera,
Ya era de noche. El cielo no abriría,
Aunque estaba forrado con una voz,
Y yo con tantas preguntas.

Como nos portamos

A los otros en las prisiones

Soy la lengüeta rota en este órgano sepulcral,
soy los ojos dementes barnizados mirando fijamente desde
atrás de los barrotes,
la mirada callada de piedra
que conoce como otras piedras el olor de los pies obreros,
conoce lo largo y ancho que se puede extender un ser humano
a través de los siglos,
cada paso, hasta que ahora pisamos el polvo
y las piedras de las prisiones.

No pude dejar botar mis sentimientos,
dispararles como caballos salvajes,
apedrearlos como profetas mugrosos que lloran,
no pude machetearlos para abrir una nueve senda,
no busqué ni cima, ni hecho heroico,
busqué permanecer humanamente, mirar y sentir al viento bendecirme . . .

Small Man

This morning I visited De Leon.
A small man crumpled up in dirty sheets
On a torn mattress.
I sat at the end of his bed. He told me
Stories of the many men he had seen killed
In the streets. He asked me:
Have you ever seen one die?
I am going to change my life he said.
I saw his crutches in one corner.
When I left his room, walked down the stairs,
It was night already. The sky would not open,
Though it was lined with a voice,
And I with so many questions.

How We Carry Ourselves

To Others in Prisons

I am the broken reed in this deathly organ,
I am those mad glazed eyes staring from bars,
the silent stone look
that knows like other stones the smell of working feet,
knows how long and wide a human can spread
over centuries,
each step, until we now step on dust
and rock of prisons.

I could not throw my feelings away,
shoot them like wild horses,
stone them like weeping dirty prophets,
could not machete them pioneering a new path,
I sought no mountain, no brave deed,
I sought to remain human, to look and feel wind bless me. . . .

Chicanos, negros, blancos, indios,
aquí estamos todos, toda nuestra sangre roja,
todos llenos con resistencia
y hemos probado la navaja,
olido el humo aceitoso y mortal de un arma.

Somos trozos de engranaje de acero y de mecate roído,
nuestras manos son los cobertizos para herramientas,
nuestras conciencias el gruñido sinfín
de ruedas dentadas girando perpetuamente
en una bodega vacía y estéril,
nuestra sangre está goteándose de las junturas de acero
a los suelos de granito como grasa y aceite.

Lo que quería decir es, que te puedes apartar de todo esto:
si puedes resistir el martilleo que te darán,
si te aferras sin soltarte cuando te prendan
y te arrojen iracundos hacia el suelo,
si eres capaz de morderte los dientes cuando te empinen,
y aún así, no encajas,
puedes ser quien eres.

Puedes mirar la mañana y respirar la gracia de Dios,
puedes reírte de los gorriones, y hallar el amor
en ti por el sol, puedes aprender
qué tienes por dentro, puedes conocer el silencio,
puedes mirar la maquinaria gris-oscura que te rodea,
aquéllas almas elevándose como nubes de humo negro,
y decidir qué vas a hacer después,
tú que eres el interruptor principal,
que todo lo apaga.
Pero tú sigues respirando, sonriendo, luchando,
encendiéndote a ti mismo . . .

Chicanos, Blacks, Whites, Indians,
we are all here, our blood all red,
we are all filled with endurance
and have tasted the blade,
smelled the gun's oily smoke of death.

We are steel hunks of gears and frayed ropes,
our hands the toolsheds,
our heads the incessant groan
of never ending revolving wheels
in an empty, gaunt warehouse,
our blood dripping from steel joints
like grease and oil onto granite floors.

I meant to say, you can turn away from this:
if you can take the hammering, they will give,
if you can hold on while they grip you
and hurl you ragefully at the ground,
if you can bite your teeth when they bend you,
and still, you do not fit,
you can be who you are.

You can see the morning and breathe in God's grace,
you can laugh at sparrows, and find love
in yourself for the sun, you can learn
what is inside you, you can know silence,
you can look at the dark gray machine around you,
souls going up like billows of black smoke,
and decide what you will do next,
you who are the main switch, who turns
everything off.
But you breathing, smiling, struggling,
turning yourself on. . . . . .

Hay negros

Hay guardias negros azotando las puertas de las celdas
contra los hombres negros,
Y guardias morenos saludando a los hombres morenos
que llevan números en sus espaldas,
Y los guardias blancos están riéndose con los presos blancos,
y los guardias rojos, pocos, no le hablan
a los presos rojos mientras caminan junto a la comida y hacia las celdas.

Ahí lo tienes, el pequeño bulto de hormigas . . .
reos marchando en filas rectas, guardias volando
en alas de placas de policía, permisos para aguijonear, para engullirse
a cambio de separarse de su gente . . .
Cierran sus mentes como llaves de agua
envueltas en la arpillera que forra las pipas
y comunica el agua pálida y débil a sus corazones.

Que mal se ve cuando miras a estos mismos guardias
que sacan cubetas llenas de sangre de las celdas,
uno los mira guacareando por el olor, por la gente,
su propia gente que está cortándose las venas,
ahorcándose con cinturones desde las tomas de la electricidad;
que mal se ve mirarlos limpiar el desmadre,
sacar al cuerpo frío-azul cubierto con sábanas,
y luego retomar sus lugares en las jaulas de guardia,
mirar a su gente molerse y madrearse.

Y sobre esta tierra tiesa con sangre,
brilla el sol, los guardias platican de caballos y pistolas,
van a la tienda y compran botas nuevas,
y mientras más trabajan aquí más poderosos se vuelven,
asumiendo el porte de alguna momia antigua,
abajo en los galeones de la cárcel, una momia
que no escuchará, pero que tiene un poder raro
en este mundo oscuro, ser tan totalmente asqueroso en su ignorancia,
y aún así comandar con tanto orgullo a tantos hombres . . .

Y los mismos reos, a los pies de la momia,
cuero salpicado de sangre, a los pies de éste,

There Are Black

> There are black guards slamming cell gates
on black men,
>> And brown guards saying hello to brown men
with numbers on their backs,
>>> And white guards laughing with white cons,
>>> and red guards, few, say nothing
to red inmates as they walk by to chow and cells.

> There you have it, the little antpile . . .
convicts marching in straight lines, guards flying
on badged wings, permits to sting, to glut themselves
at the cost of secluding themselves from their people . . .
> Turning off their minds like watertaps
wrapped in gunnysacks that insulate the pipes
carrying the pale weak water to their hearts.

> It gets bad when you see these same guards
carrying buckets of blood out of cells,
see them puking at the smell, the people,
their own people slashing their wrists,
hanging themselves with belts from light outlets;
it gets bad to see them clean up the mess,
carry the blue cold body out under sheets,
and then retake their places in guard cages,
watching their people maul and mangle themselves,

> And over this blood-rutted land,
the sun shines, the guards talk of horses and guns,
go to the store and buy new boots,
and the longer they work here the more powerful they become,
taking on the presence of some ancient mummy,
down in the dungeons of prison, a mummy
that will not listen, but has a strange power
in this dark world, to be so utterly disgusting in ignorance,
and yet so proudly command so many men. . . .

> And the convicts themselves, at the mummy's
feet, blood-splattered leather, at this one's feet,

se vuelven cobras chupándole la vida a sus hermanos,
se pelean por anillos y dinero y drogas,
en esta fosa de dolor sus dientes muestran colmillos,
para pelear por cuán migajas puedan . . .

       Y los otros prisioneros, culpables
de nada más que su color congénito, culpables de ser inocentes,
lentamente se convierten en polvo en los vientos nocturnos de aquí,
volando en el viento de regreso a sus granjas y ciudades.
De la profunda herida en sus corazones, arena sale hacia arriba rociándose
sobre casas y a través de árboles,

        mira la arena soplar sobre este lugar desierto,
tú que los estás mirando.

Te ofrezco este poema

Te ofrezco este poema,
pues no tengo otra cosa qué dar.
Guárdalo como un abrigo caliente
cuando llegue el invierno a cubrirte,
o como un par de calcetas gruesas
a través de las cuales el frío no puede morder,

       te amo,

no tengo otra cosa que darte,
entonces es una olla llena de maíz amarillo
para calentar tu barriga en el invierno,
es una bufanda para tu cabeza, para usar
sobre tu pelo, para ajustar en torno a tu cara,

       te amo,

Guárdalo, atesóralo como
si estuvieras perdida, buscando orientación,
en el páramo en que se convierte la vida cuando madura;
y en la esquina de tu cajón,

they become cobras sucking life out of their brothers,
they fight for rings and money and drugs,
in this pit of pain their teeth bare fangs,
to fight for what morsels they can. . . .

And the other convicts, guilty
of nothing but their born color, guilty of being innocent,
they slowly turn to dust in the nightly winds here,
flying in the wind back to their farms and cities.
From the gash in their hearts, sand flies up spraying
over houses and through trees,

look at the sand blow over this deserted place,
you are looking at them.

I Am Offering this Poem

I am offering this poem to you,
since I have nothing else to give.
Keep it like a warm coat
when winter comes to cover you,
or like a pair of thick socks
the cold cannot bite through,

I love you,

I have nothing else to give you,
so it is a pot full of yellow corn
to warm your belly in winter,
it is a scarf for your head, to wear
over your hair, to tie up around your face,

I love you,

Keep it, treasure this as you would
if you were lost, needing direction,
in the wilderness life becomes when mature;
and in the corner of your drawer,

guardado como una cabaña o choza
entre árboles densos, llama a mi puerta,
y yo contestaré, te daré indicaciones,
y te dejaré calentarte junto a esta lumbre,
descansar junto a esta lumbre, y te haré sentir segura,

te amo,

es todo lo que tengo para dar,
y todo lo que uno necesita para vivir,
y seguir viviendo por dentro,
cuando al mundo afuera
ya no le importe si vives o mueres;
recuerda,
te amo.

Nuevamente confundido y asombrado

Con esta vida que llevamos:

El rat-tat-tat de martillos,
y cosechas tan gordas y dispuestas como si fueran nuestros propios hijos
a darnos todo o nada.

Me asombra la capa más pobre de gente en la vida,
con nuestros dedos en la tierra
labrando nuestras propias almas henchidas con lluvia y sol,
peinadas por vientos, vestidos con las estaciones,
donde gradualmente caemos desesperados,
luego brotamos arriba y afuera como agua que empuja
y empuja, girando en lodo,
cargados con cosas por hacer.

Cubriendo al mundo con esta capa, una ensambladora orgánica
en movimiento de sudor y sangre y músculos, prismas móviles
que brillan con el sol y se apagan con la luna,
atrayendo al corazón, como ninguna otra luz,

tucked away like a cabin or hogan
in dense trees, come knocking,
and I will answer, give you directions,
and let you warm yourself by this fire,
rest by this fire, and make you feel safe,

       I love you,

It's all I have to give,
and all anyone needs to live,
and to go on living inside,
when the world outside
no longer cares if you live or die;
remember,
       I love you.

Confused and Amazed Again

       By this life we lead:

The rat-tat-tat of hammers,
and crops fat and willing as our own children
to give us nothing or everything.

       I am amazed by life's bottom layer of people,
       with our fingers in dirt
       plying our very souls thick with rain and sun,
       combed by winds, dressed up with seasons,
       where we slowly fall in despair,
       then blossom up and out like water pushing
       and pushing, swirling in mud,
       we heavy with things to do.

Covering the world with this layer, a moving organic
assembly of sweat and blood and muscles, moving prisms
that glitter in sunlight and dim in moonlight,
attracting the heart, as no other light,

dos rayos, uno humano y el otro terrenal,
disparándose lejos en el espacio,
muy lejos, dándole al futuro sus ojos,
rodeados de oscuridad total,

dos rayos,
que ciegan a los dioses, queman sus dedos,
usan la luz, como piedras para atrapar fuego
y entibiarlas, darles luz en la oscuridad,
para espirar la próxima alba.

Terremotos que curan

A través de pequeños jardines que me embelesaban,
A través de calles rotas y retorcidas como corteza roída,
A través de todos los escritores y artistas de las Américas
Desfilando junto a mis padres, yo con sus plumas y
brochas,
A través de todos los documentos majestuosos,
Aquéllos de la Biblia y de los cuerpos políticos del
mundo,
Y por su parte en silencio está el Terremoto que Cura,
De todos lados viene,
A través del emborracho nudo-negro de mi
padre,
A través de las hondas entrañas heladas de la esperanza,
A través de las cucharas de albañiles con sombrero
Y alzamuros untando el mortero mojado,
A través de los negros sureños en sus playeras mugrosas
y rotas,
A la CIA canina que se soltó de sus
cadenas,
A las casas derrumbadas de mi gente,
A través las carabinas y las magnum
cola de escorpión,
Apuntando a sus cabezas,
El terremoto que cura surge de los escombros,
Escindiendo su propio cuerpo y corazón,

two rays, one human and the other earthly,
shooting far out into space,
far out giving future its eyes,
surrounded with utter darkness,

two rays,
that blind the gods, burn their fingers,
use the light, like rocks to catch fire
and warm them, give them light in darkness,
to breathe out the next dawn.

Healing Earthquakes

Through little garden plots I was mesmerized by,
Through streets torn and twisted like gnawed bark,
Through all the writers and artists of Americas
Parading by my fathers, I with their quills and
brushes,
Through all the stately documents,
Those of the Bible and political bodies of the
world,
And quietly by itself is the Healing Earthquake,
From all sides it comes,
Through the black-knotted drunkenness of my
father,
Through the cold deep bowels of hope,
Through the trowels of sombrero'd brick-layers
And wall-builders spreading the moist mortar,
Through the blacks in the South in grimy torn
t-shirts,
To the snarling CIA that broke loose from their
chains,
To the crumbled houses of my people,
Through the scorpion-tailed magnums and
carbines
Held at their heads,
Healing Earthquake comes up from the debris
and rubble,

Farfullando por debajo en sus propios vientos descontentos,
Enhebrando mi alma rota lentamente en una empuñadora de furia,
Hacia el blanco de su meta se mece sin titubeo,
Yo soy el terremoto que cura,
No en la conmoción remolinando hacia arriba de la bomba
                                        atómica,
Ni en la explosión y despegue heráldico de un cohete,
Un hombre inferior según todos los libros de derecho,
Un hombre despertando al día con suelo donde plantarse
                                y defender.

El día hace a un lado sus cortinas

a un escenario oscuro.

Yazco desvelado en mi litera de la prisión,
en el silencio hechizante
de la noche prisión.

Estudio a la luna afuera de mi ventana abarrotada,
supongo una y otra cosa,
sin decidir, solo supongo, suponiendo más,
entre más me adentro, por túneles sin límite,

rugiendo intensamente, hasta volver   volver   volver.

Yazco quieto, oyendo al agua gotear
clinc y pap   pap   pap
en la ducha junto a mi celda.

En ese lugar ventoso que llamamos el corazón,
me manejo como un mago
en las luces coloridas teatrales de mis genios,
mis sueños destellantes, y luz azul
circula una lágrima en mi mejilla,
y labios con el nombre de ella.

Splitting its own body and heart,
Mumbling below in its own discontented winds,
Threading slowly my torn soul in a grip of fury,
To the eye of its mark it leans undaunted,
I am Healing Earthquake,
Not in the commotion swirling upwards of the atom
                                        bomb,
Nor the blast and heraldic upshoot of a rocket,
A lesser man by all the law books,
A man awaking to the day with ground to stand upon
                                        and defend.

The Day Brushes Its Curtains Aside

to a dark stage.

I lie there awake in my prison bunk,
in the eye-catching silence
of prison night.

I study the moon out my grilled window.
I figure this and that,
not out, just figure, figuring more,
the inner I go, through illimitable tunnels,

roaring great, myself back   back   back.

I lie still, listening to water drops
clink and pap   pap   pap
in the shower stall next to my cell.

In that airy place we call the heart,
I move like a magician
in colorful stage lights of my moods,
my bright dreams, and blue light
circles a tear on my cheek,
and lips with her name.

De las flores en mis manos
aparece su cara. En las barajas
ella es la reina. Estos son trucos
y yo soy el mago.

Mañana cuando amanezca saldré a gatas de la cama,
sabiendo que no puedo escapar las cadenas
que ellos me han enredado.

Mañana saldré a gatas de la cama,
como si hubiese salido de una caja
en el escenario. No fue ninguna ilusión,
cuando la espada se enterró en la caja,
le sonreí a la muchedumbre,
mientras se hundía más y más en mi corazón.

Quién me entienda más que yo

Ellos cierran la llave, yo vivo sin agua,
ellos construyen paredes más altas, yo vivo sin copas de árbol,
ellos pintan las ventanas de negro, yo vivo sin rayos del sol,
ellos le ponen candado a mi jaula, yo vivo sin ir a ninguna parte,
ellos se llevan cada última lágrima que me queda, yo vivo sin lágrimas,
ellos agarran mi corazón y lo rasgan, yo vivo sin corazón,
ellos agarran mi vida y la aplastan, yo vivo sin futuro,
ellos dicen que soy bestial y diabólico, no tengo amigos,
ellos obstruyen cada esperanza, yo no tengo salida del infierno,
ellos me dan dolor, yo vivo con dolor,
ellos me dan odio, yo vivo con mi odio,
ellos me han cambiado, y yo no soy el mismo hombre,
ellos no me dan un baño, yo vivo con mi olor,
ellos me separan de mis hermanos, yo vivo sin hermanos,
¿Quién me entiende cuando digo que esto es bello?
¿Quién me entiende cuando digo que he descubierto otras libertades?

Yo no puedo volar o hacer aparecer algo en mi mano,
yo no puedo hacer que se abra el cielo ni que tiemble la tierra,
yo puedo vivir conmigo mismo, y estoy asombrado conmigo, con mi amor,

From flowers in my hands
her face appears. In cards
she is the queen. These are tricks
and I am the magician.

Tomorrow morning I will crawl out of bed,
knowing I cannot escape the chains
they've wrapped around me.

I will crawl out of bed tomorrow,
as though I had stepped out of a box
on stage. It was no illusion,
when the sword plunged into the box,
I smiled at the crowd,
as it went deeper and deeper into my heart.

Who Understands Me but Me

They turn the water off, so I live without water,
they build walls higher, so I live without treetops,
they paint the windows black, so I live without sunshine,
they lock my cage, so I live without going anywhere,
they take each last tear I have, I live without tears,
they take my heart and rip it open, I live without heart,
they take my life and crush it, so I live without a future,
they say I am beastly and fiendish, so I have no friends,
they stop up each hope, so I have no passage out of hell,
they give me pain, so I live with pain,
they give me hate, so I live with my hate,
they have changed me, and I am not the same man,
they give me no shower, so I live with my smell,
they separate me from my brothers, so I live without brothers,
who understands me when I say this is beautiful?
who understands me when I say I have found other freedoms?

I cannot fly or make something appear in my hand,
I cannot make the heavens open or the earth tremble,
I can live with myself, and I am amazed at myself, my love,

con mi hermosura,
estoy admirado de mis fracasos, estupefacto ante mis temores,
soy necio e infantil,
en medio de este naufragio de vida que ellos incurrieron,
yo practico ser yo mismo,
y he descubierto partes de mi que jamás me imaginé,
Fueron aguijoneadas para que salieran de debajo de piedras en mi corazón
cuando las paredes fueron construidas más alto,
cuando cerraron el agua y las ventanas se pintaron de negro.
Yo seguí éstas señas
como un viejo guía y seguí las huellas hasta mis propias profundidades,
seguí el camino moteado de sangre,
ahondando en regiones peligrosas, y encontré tantos aspectos míos,
que me mostraron que el agua no lo es todo,
y me dieron nuevos ojos para mirar a través de las paredes,
y cuando hablaron, rayos de sol salieron de sus bocas,
y me estaba riendo de mí con ellos,
nos reímos como niños y pactamos siempre ser leales,
¿Quién me entiende cuando digo que esto es hermoso?

Estoy yo

Estoy yo & Thelma & Louie & Lisa.
Somos del tipo de gente que no sabe mucho sobre aquél lugar.
De fábricas sí sabemos, pero no de cómo todo mundo
allá arriba gana tanta lana.
Como dice Louie, ¿Cómo vas a hacer tanta lana
si ni siquiera trabajas? Y Thelma dice, claro que la gente usa sus sesos,
pero también un cuerpo trabaja. Pero un cuerpo cuesta un tostón, una mente
cuesta
un millón. ¿Y todas esas cabezas, si no hay cuerpos
para trabajarles? ¿Eh?
Allá arriba, está de aquéllas
¿Qué no? Lisa, de aquéllas.
Aquí estamos vestidos, platicando, cara a cara.
Aquí sabemos lo que está pasando, pero ¿allá arriba? ¡Újule! . . .
Así que no me preguntes por qué cargo navaja como
así, y no me hagas ninguna pregunta, porque no entiendo;

my beauty,
I am taken by my failures, astounded by my fears,
I am stubborn and childish,
in the midst of this wreckage of life they incurred,
I practice being myself,
and I have found parts of myself never dreamed of by me,
they were goaded out from under rocks in my heart
when the walls were built higher,
when the water was turned off and the windows painted black.
I followed these signs
like an old tracker and followed the tracks deep into myself,
followed the blood-spotted path,
deeper into dangerous regions, and found so many parts of myself,
who taught me water is not everything,
and gave me new eyes to see through walls,
and when they spoke, sunlight came out of their mouths,
and I was laughing at me with them,
we laughed like children and made pacts to always be loyal,
who understands me when I say this is beautiful?

There's Me

There's me & Thelma & Louie & Lisa.
We're the kinda people, don't know too much about that place.
We know about factories all right, but not about how everybody
up there makes so much money.

Like Louie says, how you gonna make so much money
if you don't work? And Thelma says, sure people use their brains,
but a body works too. But a body costs a nickel, a mind costs
a million. And all them minds, what if there weren't no bodies
to work for them? Huh?

Up in that place, that's really something
uh Lisa, really something.

Here we are in clothes and talk and faces.
We know what's going on down here, but up there? Man . . .

So don't ask me why I carry a knife. Like
this, and don't ask me no questions, because I don't understand;
but take a cop wants to arrest somebody, and I'm walking

pero haz de cuenta un policía buscando a quien detener, y voy caminando
por la calle, ¿por qué yo? Él solamente quiere detener a alguien.
Él no, pero alguien le dijo que detenga a alguien. Y a ese
alguien le dijo otra persona, que tenía unos numeritos en
una hoja de papel que decían que las cosas no iban muy bien. 'Ora, ¿'ónde
consiguió esos números? A lo mejor de alguien con una computadora
allá arriba en una de esas oficinas noveno piso. Nada más que un ruco, o una
ruca,
cualquiera, parado frente a una maquina redactando números
y calculando madres.
　　　'Ora ¿Por qué está haciendo cuentas? Ok Lisa
mira: está haciendo cuentas, porque otra persona
en algún lugar lo mandó a hacerlas. Y sabes que alguien que te manda
a hacer cuentas es un pez gordo. De arriba, arribota . . .
probablemente tenga un montón de cosas en este mundo como
compañías de barco y compañías de petróleo y cosas por el estilo.
　　　Nada más ponte a pensar, ¿por qué quiere que alguien
haga cuentas? Porque uno de los bueyes que trabajan para él le dijo
que algo andaba mal en alguna parte, y las cuentas
tenían que hacerse por que se estaba jodiendo todo.
　　　¿Y cómo sabe él? Yo creo que se le queda mirando
a muchas gráficas, ya te imaginas, y si la línea baja, quiere
decir que el canalla va perdiendo. A él le pagan para ganar. De modo que él tiene
a todos estos licenciados titulados, miles de ellos,
en un gran edificio, trabajando todo el día, para que él gane.
Ellos lo calculan todo.
　　　Y desde allá arriba, lo que salga,
sobre un papelito calculado por miles de mentes,
sucede aquí abajo en la calle. ¿Me entiendes?
　　　Somos diferentes carajo. Tú vas a trabajar Thelma
y derramas café en las mesas, recoges las propinas, fumas cigarrillos,
tú sabes, sabes lo que está pasando contigo misma. Y Louie
y Lisa y yo, todos vivimos, nos gusta comprar ropa nueva,
arreglarnos la noche del viernes, pasearnos por la calle Central,
levantándonos en la mañana y maldiciendo a las cucarachas, es una
vida buena, mejor, porque sabemos que somos seres humanos. ¿Me
entiendes?
　　　Entonces no hay nada mal con nosotros vato,
estamos bien, somos buena gente, y nuestra vida no está tan mal vato.
La vamos a hacer, nos vamos a cuidar las espaldas.

down the street, why me? He just wants to arrest somebody.
Not him, but someone told him to arrest somebody. And that
someone was told by someone else, who had little numbers in
a paper that say things ain't going too well. Now where'd
he get them numbers? Maybe from somebody with a computer
up there in one of them offices up there. Just a regular old man
or lady standing in front of a machine writing out numbers
and figuring stuff up.

Now why's he figuring something up? Ok Lisa
look: he's figuring up something, because someone else
somewhere wants him to. And you know someone who can make
him figure something up, is somebody big. Way up there . . .
probably got a whole bunch of things in this world like
boat companies and oil companies and things like that.

Just think, why does he want anyone to figure
up something? Cause one of the dudes that work for him told
him something was going wrong somewhere, and the figuring
needed to be done cuz it was messing things up.

And how does he know? I think he looks at
all these charts, you know, and if the line goes down, that
means the chump is losing. He's paid to win. So he's got
all these college dudes with degrees, thousands of them,
in a big ole building, working all day, so he can win.
They figure up everything.

And from way up there, whatever comes out,
on a little piece of paper figured up by a thousand minds,
happens down here on the street. See what I mean?

We're different man. You go to work Thelma
and spill coffee on tables, collect tips, smoke cigarettes,
you know, you know what's going on with yourself. And Louie
and Lisa and me, we all live, like getting good clothes,
dressing up for Friday night, riding down Central, getting
up in the morning and cursing at cockroaches, it's a good
life, better, because we know we're human beings. Know
what I mean?

So there ain't nothing wrong with us man,
we're ok, we're good people, and our life ain't so bad man.
We'll make it, look out for each other.

TERREMOTOS QUE CURAN

HEALING EARTHQUAKES

(2001)

de Libro I: Cómo era la vida

Uno

Con esta carta que recibí de un joven chicano
cumpliendo una condena en New Boston, Texas,
    me acuerdo de la belleza de los barrotes
    y cómo mi alma se estrujó a través de ellos
    como harina de maíz azul por el tamiz
    para revolverse con el calor y la humedad del día
    en cada hoja y rayo de sol
        ofreciéndome
        a la vida como pan.
Me cuenta que lee muchos libros y quiere mis consejos
y me asombro más
    cita textualmente de mis libros, honrando mis palabras
    como palabras que lo liberaron de los barrotes,
    de la oscuridad, de la violencia de la prisión.
Me pone a pensar,
    menospreciándome como acostumbro hacerlo,
    que tal vez no soy el latoso
        que a veces creo que soy.
Antes me la pasaba mucho en fiestas, pero ahora estudio paisajes
y mucho cavilo,
    escucho a la gente y cavilo mucho,
    sorbo un buen vino y cavilo más,
    hasta que mis cavilaciones han llenado cinco o seis años
    y los críticos literarios y los aficionados
        y los escritores colegas me preguntan
        ¿Por qué no has escrito nada en seis años?
Y cavilo acerca de eso —
    no les revelo
    que tengo cajas de poemas inéditos
y que me levanto a las seis y media cada día
    y leo libros, tomo apuntes,
    compongo un poema,
        echando lo que he escrito o cavilado
        en cuadernos apilados en una caja
                en un clóset.
Maravillado ante la vida que llevo,

from Book I: As Life Was

One

With this letter I received from a young Chicano
doing time in New Boston, Texas,
    I'm reminded of the beauty of bars
    and how my soul squeezed through them
    like blue cornmeal through a sifting screen
    to mix with the heat and moisture of the day
    in each leaf and sun ray
    offering myself
        to life like bread.
He tells me he reads a lot of books and wants my advice
and more amazed
    he quotes from my books, honoring my words
    as words that released him from the bars,
    the darkness, the violence of prison.
It makes me wonder,
    getting down on myself as I usually do,
    that maybe I'm not the pain in the butt
        I sometimes think I am.
I used to party a lot, but now I study landscapes
and wonder a lot,
    listen to people and wonder a lot,
    take a sip of good wine and wonder more,
    until my wondering has filled five or six years
    and literary critics and fans
        and fellow writers ask
    why haven't you written anything in six years?
And I wonder about that—
    I don't reveal to them
    that I have boxes of unpublished poems
and that I rise at six-thirty each morning
    and read books, jot down notes,
    compose a poem,
        throwing what I've written or wondered
        on notepads in a stack in a box
                in a closet.
Filled with wonder at the life I'm living,

distraído por las impugnaciones presidenciales
        e internas chupa-vergas y los bombardeos a Irak,
mi atención atrapada por el chico
sin playera en el invierno
en las canchas que puede tirar desde la línea triple y jamás fallar,
por una mujer que me llamó la otra noche
amenazando con cortarse las muñecas porque estaba enamorada
        y no quería estar enamorada,
por un drogadicto recolectando latas en la madrugada a lo largo de la autopista.
        Adolorido del corazón al final de cada día,
        cavilando sobre cómo pagar los biles,
                pensando cómo escribirles un poema
        a los huérfanos para Navidad
        y decirles que ese es su regalo
        y mirarlos arrugar sus caras—
        diciendo ¿eh?
                Cavilando de en qué tipo de idiota que cavila
                me he vuelto
        que incluso durante la Navidad me estoy cavilando . . .
        atrapado en la maravilla mágica
        de ángeles sobre árboles de Navidad
                bombillas de color
todo esto haciéndome recordar el sobrecogimiento y la inocencia
        de mi propia niñez,
                cuando Santa vino con un costal rojo
                al orfanato
                        y nos dio medias
                        henchidas con frutas y nueces.
Fue una edad inocente, los dioses caminaban alrededor de mi litera
                        en la noche,
                los guardias divinos me susurraban al oído
                cómo me iban a cuidar—
y lo hicieron, ejércitos de ángeles me han atendido
en viajes rebeldes,
y lo único que ha cambiado desde entonces
es que en lugar de yo esperar a Santa,
        soy como un pit bull terco amarrado con collar de cadena
        ansiosísimo por morderle la nalga a un agente del sistema tributario
cavilando sobre por qué cualquier persona en sus cinco sentidos,
con una sola vida por vivir, trabajaría haciéndole la vida de tiritas a otros.
Esos es algo sobre qué cavilar.

distracted by presidential impeachment hearings
            and dick-sucking interns and Iraq bombings,
my attention is caught by the kid
without a T-shirt in winter
on the courts who can shoot threes and never miss,
by a woman who called me the other night
threatening to cut her wrists because she was in love
            and didn't want to be in love,
by the crackhead collecting cans at dawn along the freeway.
            Sore-hearted at the end of each day,
            wondering how to pay bills,
                  thinking how I'll write a poem
            to orphans for Christmas
            and tell them that's their present
            and watch them screw up their faces—
            saying, huh,
                  wondering what kind of wondering fool
                  I've become
            that even during Christmas I'm wondering . . .
            caught in the magical wonder
            of angels on Christmas trees
                  colored lightbulbs
all of it making me remember the awe and innocence
            of my own childhood,
                  when Santa came with a red bag
                  to the orphanage
                        and gave us stockings
                        bulging with fruit and nuts.
It was a time of innocence, gods walking around my bunk
                  at night,
                  divine guardians whispering at my ear
                  how they'd take care of me—
and they did, armies of angels have attended me
in rebellious travels,
and the only thing that's changed since then
is instead of me waiting for Santa,
      I'm like an ornery pit bull leashed to a neck chain
      aching to bite the ass of an IRS agent
wondering why anyone in their right mind would,
with only one life to live, have a job making people so miserable.
It's something to wonder about.

Trece

Sus manos son cisnes de arcilla
cediendo solamente al amor,
ahuecando su mano derecha,
sus dedos suavemente invertidos,
forman un cuello elegante,
y apuntando hacia arriba, su dedo corazón
en la base de su palma,
su índice y pulgar en un círculo
ambos juntos
un cisne que nada intacto
a través de raudales de balas policiacas,
lagos de droga y agujas de jeringa,
anidando a su bebé debajo de sus alas
de cabello negro y senos suntuosos,
ilesa por balaceras móviles, por heridas a puñalada,
por riñas violentas con su novio,
ella se desliza cada alba como las manos de una madre
doblando pañales de algodón y aplanando
pantalones y camisetas de niño,
tibias y limpias y suaves,
        sus manos
        sus bellas manos.

Tantas veces sus alas se han abierto
para cubrirse la cara y absorber lágrimas
reluciendo como si cayesen del cielo sobre sus manos plumosas,
tantas veces han estado inmersas
en sangre, revoloteado airadamente para evitar racistas y esnobs intolerantes,
tantas veces ha sacudido sus manos emplumadas
ante gente que no le gusta su aspecto —
sin embargo ha entregado sus manos a sus amantes,
las ha dado para hacer tortillas y fríjoles y chile,
las ha ofrecido en oración a Dios
como palomas de catedral revoloteando alrededor del campanario
al amanecer, uniéndose a las palomas blancas
en los vitrales de colores, para combinarlas con alas de ángel.

En lugar de dejar las huellas de sus manos sobre las piedras
o el sello de una bofetada en una mejilla,

Thirteen

Her hands are earth swans
surrendering only to love,
cupping her right hand,
her fingers turned down smoothly
into a graceful neck,
and pointing up, her left middle finger
in the pad of her palm,
her index and thumb in a circle
both together
a swan that swims untouched
through streams of police bullets,
lakes of drugs and hypodermic needles,
nestling her infant under her wings
of black hair and sumptuous breasts,
unscathed by drive-bys, by stab wounds,
by violent fights with her boyfriend,
she glides each dawn like a mother's hands
folding cloth diapers and smoothing out
little-boy shirts and pants,
warm and clean and soft,
> her hands
> her beautiful hands.

So many times her wings have opened
to cover her face to absorb tears
glistening as if from heaven down upon her feathery hands,
so many times they've been drenched
in blood, angrily fluttering from racists and snobbery bigots,
so many times she's shaken her winged hands
at people who don't like the way she looks—
yet she's surrendered her hands to her lovers,
given them to making tortillas and beans and chile,
offered them in prayer to God
like cathedral doves fluttering around the bell tower
at sunrise, joining the white doves
on stained-glass windows, to merge them with angel wings.

Instead of leaving her handprints on rocks
or a slap imprint on a cheek,

sus palmas son impresiones en los corazones
que semejan playas solitarias sin descubrir
donde las mareas son sus besos susurrados.
Suyas no son las manos que castigan,
tampoco son manos aristocráticas ni dedos
cuyo tacto es porcelana helada,
son manos que cicatrizan heridas, deshojan mazorcas,
aplican barniz para uñas rojo-sangre y carmín colorado,
el tipo de manos que aparecen en los sueños de mártires
y el tipo que los condenados y mendigos alcanzan
para tocar y aliviar su pena—
        ella trae sus manos al mundo
        con la inocencia de una colegiala,
        muestra al mundo
cómo se sienten y las cosas maravillosas que pueden hacer
para traer amor a los que no lo tienen,
para aliviar el corazón dolido de los borrachos,
para suavizar la guillotina sombría que se mece a través de cada noche
para los adictos mientras buscan un chute—
        conocerla,
entender sus dedos y manos,
        tocarlas como tocarías
        la cara de un niño que duerme—
        Ven a sentir mis manos
        y recuerda cuando eras adolescente
        soñando con el amor
        paseando en un Galaxy '72 abollado
        por debajo de una larga hilera de álamos frescos,
        recuerda cómo perdiste tu querido
        primer amor
        siente cómo mis manos levantan tu llanto
        permítete volar en las hojas verdes, brillantes en la
          luz trémula
          perdiéndote en el cielo azul
            en cielo azul . . .

her palms are prints in hearts
that resemble solitary undiscovered beaches
where the tides are her whispered kissings.
Hers are not the hands that punish,
nor are they aristocratic hands and fingers
whose touch is chilled porcelain,
they're hands that heal wounds, strip corn husks,
brush on blood-red nail polish and scarlet lipstick,
the kind of hands that appear in martyrs' dreams
and the kind convicts and beggars reach for
to touch and relieve their despair—
        she brings her hands to the world
        with schoolgirl innocence,
        shows the world
how they feel and the wondrous things they can do
to bring love to loveless ones,
to soothe the heartache in drunks,
to ease the grim guillotine swinging across each night
for addicts as they search for a fix—
        to know her,
understand her fingers and hands,
        touch them as you might touch
        a child's sleeping face—
        Come feel my hands
        and remember when you were a teenager
        dreaming of love
        riding in a battered '72 Galaxy
        beneath a long row of cool cottonwoods,
        remember how you lost your beloved
        first love,
        feel how my hands lift your sorrow
        and allow yourself to fly in the green, sun-shimmering
            leaves
            losing yourself in the blue sky,
                in blue sky . . .

Catorce

Anoche ella soñó que sus dedos
eran crucifijos
que pendían de sus muñecas,
                clavos oxidados de confianza
y traición
martilleados dentro de los huesos pequeños.
No obstante, cada dedo es una bailarina
moviéndose al ritmo de su propio llanto y alegría,
        silenciosamente,
quejas y alegría
indignación y dolor
        se mueven a través del aire en formas
aprendidas de cocinar y limpiar,
bañadas en lágrimas, en tocar los labios
de su amante, acariciando su piel con el latido
del corazón justo por abajo
como una canción que persiste
después de que se han ido los amigos y ella se encuentra
desempleada — soñando,
        sus dedos son buenos para soñar,
y cada mañana se para bajo las ventanas de la cárcel
figurando sueños a su amor detrás de los barrotes,
figurando la vieja canción
que sus dedos sostendrán su amor,
recordarán su amor, se prepararán para su amor,
        sueños intactos,
        al final del día
cuando todo está tranquilo, disparos distantes en el barrio
y en el gueto rajan al aire con desdén
y siseos asesinos,
        ella mira fijamente sus dedos en la mesa
y con una amiga, los pinta de rojo,
los pinta con escamas brillosas
        rosa suave y anaranjado candente,
        preparando a los pequeños bailarines para salir hacia la noche
y platicar con su amor otra vez,
parándose en la esquina, haciendo señas con las manos
mandando la clave de guerrero-urbano de su amante por detrás de líneas enemigas.

Fourteen

Last night she dreamed her fingers
were crucifixes
that dangled from her wrists,
                    rusty nails of trust
and betrayal
hammered into the small bones.
Nonetheless, each finger is a ballerina,
moving to its own grief and joy,
        silently,
complaints and joy
outrage and hurt
        move across the air in forms
learned from cooking and cleaning,
bathed in tears, in touching her lover's
lips, caressing his flesh with the heart-
beat just beneath
like a song that keeps coming
after friends have gone and she finds
herself unemployed—dreaming,
        her fingers are good at dreaming,
and she stands each morning beneath the jail windows
signaling dreams to her love behind the bars,
signaling the old song
that her fingers will hold his love,
remember his love, prepare for his love,
        dreams intact,
        at the end of the day
when everything is quiet, distant gunshots in the barrio
and ghetto crack the air with spite
and murderous hisses,
        she stares at her fingers on the table
and with a girlfriend, paints them red,
paints them in brilliant flakes
        soft pink and hot orange,
        preparing the small dancers to go out into the night
to talk with her love again,
standing at the street corner, signing
her lover's street-warrior code behind enemy lines.

Ella es una de las que trae comida a los soldados
que confrontan a los policías y van a la prisión,
una de las que jamás se doblará,
tendrían que cortarle los dedos uno por uno,
colgarlos como flores secas bocabajo en un cordón
en el viento y en el sol, testigos
marchitos de la injusticia y la pasión de la lucha de cada día
solo por tener a quién amar y de quién recibir amor,
        hasta entonces
dejarán las bailarinas de bailar debajo del sol y la luna.

de Libro II: Conociendo a mi amor, fiel a mí corazón y leal a mi alma

Cinco

¿Acaso importa
cuando nos vemos
y reunimos todos nuestros días y noches solitarias
del huerto del corazón
como canastas de manzanas en una tarde de verano?
¿Acaso importa
cuando nuestros ojos se encuentran y nos vemos en huertos
corriendo debajo de las ramas,
la fragancia verde pesada, el césped grueso
pegándose a nuestros talones,
y recordamos poemas de Frost
cuando el mundo parece tan perfecto?

Esas lunas negras que nuestros ojos fueron,
esas horquillas que nuestras manos fueron,
esos tallos de mazorca marchitándose que nuestras piernas fueron,
iluminadas ahora con la luz del alba
y un rocío fino de lluvia,
y no corremos a la casa en busca de techo,
levantamos nuestras caras a la lluvia y sacamos las lenguas.

Hemos pasado horas en el teléfono tratando de estrujarnos,
hablando de amor y esperanzas y sueños

She is one of those who brings food to the soldiers
fighting cops and going to prison,
one of those who will never give in,
they'd have to cut her fingers off one by one,
hang them like dried flowers upside down from a cord
in the wind and sun, withering
witnesses to the injustice and passion of each day's struggle
just to have someone to love and receive love from,
     not till that day
will the ballerinas quit dancing beneath the sun and moon.

from Book II: Meeting My Love, True to My Heart and Loyal to My Soul

Five

Does anything matter
when we see each other
and we gather all our lonely days and nights
from the orchard's heart
like baskets of apples on a summer afternoon?
Does anything matter
when our eyes meet and we see ourselves in orchards
running under the branches,
the heavy green fragrance, the thick grass
catching at our heels,
and we remember poems by Frost
when the world seems so perfect?

Those black moons that our eyes were,
those pitchforks that our hands were,
those stalks of withering corn that our legs were,
illuminated now with dawn light
and a fine sprinkle of rain,
and we don't rush in the house for cover,
we lift our faces to the rain and stick out our tongues.

We've spent hours on the phone trying to squeeze
each other, talking of love and hopes and dreams

esperando tocarnos a través de las millas—
pero estos días ni siquiera las canciones favoritas bastan—
ninguna cantidad de cachondeo mental basta para aliviar nuestra enfermedad.
Estamos enamorados, preguntándonos donde nos asentará por fin
este remolino de luces que nos gira
y donde sea que sea,
        estará bien por mi parte
        digo, si no tenemos ni un centavo
    ni comida
    ni techo
    podemos empezar
        tan solo apretándonos.
Y esto suena extraño
en un mundo donde la gente se casa por todas las demás razones
y se enamora por razones más extrañas aún.
Lo nuestro es puro.
Lo nuestro es nuestro, es nosotros,
está trenzándonos a mí y a ti en uno solo.

de Libro III: La guerra

Cinco

Tengo estas obsesiones del corazón.
Perdiéndote, Lisana, pienso en una imagen:
el pico de un colibrí
envejecido y roto,
buscando néctar en las flores de piedra de tu corazón.
    Yo recuerdo
cómo alguna vez nuestro amor tuvo plumas verdes y rojas
revoloteando y suspendidas, para arriba y para abajo
en su baile de amor.
    ¿Cómo
nuestro amor se volvió el colibrí
atrapado en la chimenea,
enterrado en ceniza de estufa, golpeándose
contra el vidrio de la estufa, intentando liberarme?

hoping to touch each other across the miles—
but these days not even favorite songs will do—
no amount of mind foreplay suffices to lessen our disease.
We are in love, wondering where this whirling wind of lights
spinning us will finally settle us down
and wherever that will be,
            it'll be fine with me.
            I mean, if we have no money
      no food
      no shelter
      we can start
            just by holding each other.
And this sounds strange
in a world where people marry for all the other reasons
and fall in love for even stranger reasons.
Ours is pure.
Ours is ours, is us,
is braiding you and me into one.

from Book III: La Guerra

Five

I have these obsessions of the heart.
Losing you, Lisana, I think of an image:
a hummingbird's beak
grown old and cracked,
searching for nectar in the stone flowers of your heart.
      I remember
how our love once had green and red feathers
flitting and suspended, up and down
in its love dance.
      How
did our love become the hummingbird
trapped in the chimney fireplace,
buried in stove ash, beating itself
against the stove glass, trying to free myself?

Abro la puerta de la estufa
lo tomo en la mano y salgo por la puerta principal y lo suelto.
    Siento el corazón del colibrí
latiendo con susto en mi palma,
siento sus alas y huesos y pico
revolotean libremente hacia la noche sin luna.
Y mis lágrimas son las primeras gotas de néctar en su pico.

Mi mente empieza a olvidar los momentos especiales,
    me descubro comparándome
con otros
    más sanos que yo,
que nunca fumaron ni usaron drogas ni permanecieron en vela por días
rutinariamente—hasta me imagino
cómo luciría en un ataúd,
    si habrá alguien para llevarme luto,
    si estará bien mi color, el cuello en la almohada de satén
    almidonado y planchado,
    entonces no habrán necesidad alguna de preguntarme acerca de tardes
    que pasamos juntos, Lisana, cuando amamos y reñimos,
quedándonos en el apartamento que cuidabas,
estando contigo esa semana fría decembrina,
los sueños llegaron a mí como la música de una guitarra en un callejón oscuro,
las notas suaves como las manos de una enfermera frotando a mis músculos
                                    adoloridos.

En otro sueño, estoy recostado en la cama
mirando amantes, cuando el significado de la felicidad
me llega con claridad, y las notas de la guitarra son tristes,
cuando en el sueño la mujer que amas
        se levanta a tu lado
        y se va,
        cuando el mal de la lujuria
        te promete
        la felicidad
y en vez de eso te tiene caminando solo en el cementerio,
debajo de las ramas sin hojas,
preguntándome porque la noche anterior salimos a comer
nos emborrachamos y despés en el apartamento
me dejaste dormido en la cama
y te fuiste conduciendo por la ciudad,

I swing open the stove door
take it in my hand and go out the front door and release it.
    I feel the hummingbird's heart
beating with fright in my palm,
feel its wings and bones and beak
flit freely into the moonless night
and my tears are the first drops of nectar on its beak.

My mind starts to forget the special moments,
    I find myself comparing
myself to others
    healthier than I,
who never smoked or did drugs or stayed awake for days
routinely—I even imagine
what I might look like in a coffin,
        whether there'll be anyone there to mourn me,
        will my color be right, the collar on the stain pillow
        starched and pressed
        there'll be no need then to wonder about evenings
        we had, Lisana, when we loved and quarreled,
staying at the apartment you were house-sitting,
being with you that cold December week,
dreams came to me like a guitar playing in a dark alley,
the notes soft as a nurse's hands rubbing my sore muscles.

In another dream, I'm lying in bed
watching lovers, when the meaning of happiness
comes with clarity, and the guitar notes are sad,
when in the dream the woman you love
                gets up beside you
                and leaves,
                when the evil of lust
                promises
                you happiness
and instead has you walking alone in the cemetery,
under the leafless branches,
wondering why the previous night we went out to eat
we got drunk and later at the apartment
you left me asleep in bed
and went driving around the city,
the snow piled six inches in the street,

la nieve amontonada hasta seis pulgadas en la calle,
apilada en los bordillos mientras los quitanieves
arrasaban por la oscuridad centelleante,
y tu agarrando el volante, con guantes, con gorra,
con abrigo, respirando niebla en las ventanas,
insensible con pena, llorando
    para entender la nieve, lo que es el amor,
    cómo en ese momento la nieve te cercó con su amor helado,
    su blanca y pura plegaria por un refugio,
    reflejando un silencio que tú absorbiste.

Después, mientras me conducías
    al aeropuerto,
me contaste que habías hecho el amor con otros hombres
mientras estábamos separados,
y yo, en mi silencio, sabía que tardaría en
cicatrizar la herida, el miedo,
    volver a confiar en ti otra vez.
Subí la escalera eléctrica
a un vuelo hacia mi casa, sin mirar para atrás,
mi corazón enterrado bajo la nieve y el hielo,
    se partió debajo del asfalto
    con palpitaciones congeladas
    vagando en todas direcciones,
buscando amor, un lugar donde liberarse del hielo,
pero no había nada, sólo tu cara fría y pálida
sobre el hielo.

El farol brilla tenuemente
    en el aparcamiento vacío,
    su orbe de luz
    reflejado sobre la nieve cristalina, nuestro silencio
cuando me conducías al aeropuerto—
    unos hombres de negocios en sus impermeables, bufandas y guantes
    atraviesan la nieve hacia edificios vacíos,
    arrullados en un sueño muerto por la nevasca.

banked up on the sides as snowplows
trucked through the sparkling dark,
and you gripping the steering wheel, gloved, capped,
coated, breathing fog on the windows,
numb with sorrow, weeping
    to understand the snow, what love is,
    how the snow that moment surrounded you with its chill
       love,
    its pure white prayer for refuge,
    reflecting a silence you absorbed.

While driving me later
    to the airport,
you told me you had made love to other men
while we were apart,
and I knew in my silence it would take time
to heal the wound, the fear,
    to trust you again.
I went up the elevator stairs
to a plane toward home, without looking back,
my heart buried beneath the snow and ice,
    it cracked under the asphalt
    with frozen palpitations
    wandering in all directions,
seeking love, a place to break free through the ice,
but there was nothing, only your cold pale face
above the ice.

The streetlamp glows dimly
    in the empty parking lot,
    its orb of light
    reflected off the crystalline snow, our silence
when you drove me to the airport—
    a few businessmen in trench coats, scarves and gloves
    track across the snow toward empty buildings,
    lulled into a dead sleep by the snowstorm.

de Libro IV: Terremotos que curan

Dos

Un día el sacerdote me pidió cambiar el ropaje
de los santos en la iglesia.
    Me negué.
    Me dio una bofetada, me arrojó violentamente hacia los altares laterales y me
        exigió que les cambiara las vestiduras. Dije que no.
Alcanzó y tomó a San Francisco y a Nuestra Virgen María
    los forzó en mis brazos y se marchó.
    Cuando la desvestí, me tendí con ella en el banco y la abracé y descansé.
    La besé en las mejillas y le peiné el cabello y hablé con ella
me devolvió la caricia y me sostuvo a mí entre sus brazos.
    Días después de eso, cada vez que miraba a la Virgen
    la cuestión de que si ella tenía o no un lugar
entre su tu-sabes-qué
    persistía formándose en mi mente
    y recé duramente para borrar la imagen de ella
        sin ropa
    intenté de verdad no cometer un pecado mortal
    pero cada vez que le rezaba
se me aparecía desnuda a mí, de nueve años, amándome
    y cada vez que le rezaba a Cristo
lo mismo, salvo que su cosa masculina
siempre estorbaba e intentaba ofuscarlo, intentaba
    ignorarlo
intenté apasionadamente rezar con más intensidad
    pero allí estaba colgándose
            o erguido endurecido y su tu-sabes-qué
                parecía estorbar mis oraciones
entonces dejé de rezar
    simplemente no me cabía en la cabeza con un tu-sabes-qué como yo.
Me pregunté por qué nadie más veía lo que yo
    intentaba no ver
    por qué a nadie más que a mí se le ocurrían estos rasgos humanos
y pensé que yo era el más asqueroso profano espantoso monstruo
    que jamás se dejó respirar en la tierra.
    Me odiaba, odiaba mi piel,
    odiaba mis ojos y pene y odiaba mi lujuria, odiaba

from Book IV: Healing Earthquakes

Two

One day the priest me asked to change the garments
on the saints in church.
    I refused.
    He slapped me, pushed me toward the side altars roughly and
        demanded I change their clothes. I said no.
He reached up and took St. Francis and Our Virgin Mary
    shoved them in my arms then walked away.
    When I undressed her I lay down with her in the pew
and held her in my arms and rested.
    I kissed her cheeks and combed her hair and spoke with her
she held me back and embraced me.
    Days after that, every time I looked at the Virgin
    the question of whether she had a place
between her you-know-what
    kept imaging in my mind
    and I prayed hard to wipe away the picture of her
        with nothing on
    I really tried not to commit a mortal sin
    but every time I prayed to her
she appeared naked to me, nine years old, loving me
    and every time I prayed to Christ
the same thing, except his male thing
would be always in the way and I tried to obfuscate it, I tried to
    ignore it
    I tried passionately to pray harder
        but there it was hanging
            or upraised stiffened and his you-know-what
                seemed to get in the way of my praying
    so I stopped praying
    just couldn't think of his having a you-know-what like me.
I wondered why nobody else was seeing what I was
    trying not to see
    why these common human traits never occurred to anyone
        but me
    and I thought myself the most vile profane hideous monster
        ever allowed to breathe on earth.

todas las cosas sensuales y suaves y físicamente cariñosas
y, odiándolo todo, sabía que me estaba engañando a mi mismo porque
me encantaba mi cuerpo
me encantaba la idea de darme placer
en un mundo de gente
que sólo podía detestar y reprender cualquier humanidad.
Me descubrí masturbándome cada noche
y acudiendo a misa cada mañana
atrapado en una vorágine viciosa, una boca de tiburón gruñendo
de culpa y placer
hasta mirando mi palma en la luz algunos días
preguntándome cuándo se me iba a caer
o cuándo quedaría manco o mono
arrastrando mis nudillos sobre las aceras
y tarde o temprano me dispararían
porque mientras los demás odiaban sus cuerpos
yo era demasiado malo por amar el mío
y parecía que nadie más conocía de la existencia del sexo más que yo de niño
cada vez que sopló el viento
por debajo de la falda de una mujer mis ojos eran dos pájaros negros
encima de las dos nalgas-duraznos sonrosados debajo de sus calzones
cuando una mujer cruzó las piernas de una cierta manera
dócil y disimulado volteé la vista para ver por su raja
esa grieta prohibida oscura húmeda
donde creía que se guardaba todo el amor y placer y éxtasis
y su mirada larga me disparó una erección histérica
y había tentación por todos lados.

Era un niño leproso
pensando que mi piel era una llaga infectada rezumante
pensando que yo era el peor
de todos los demonios posibles
y mi corazón de niño se hinchó de miedo
en cualquier momento Dios me abatiría y arremetería hasta que fuese polvo
por pensar y sentir
las sensaciones normales de un niño . . .
yo era peor que la bilis escupe-cubetas mi tío que sufría
pulmonía
vomitó.
Intenté arrepentirme
rezando, pensando que yo era escoria, manteniendo mis ojos bajados,

I hated myself, hated my skin
hated my eyes and penis and hated my lust, hated
everything sensuous and soft and physically loving
and hating it all, I knew I was lying to myself because I
     loved my body
loved the idea of giving myself pleasure
    in a world of people
        who could only detest and berate anything human.
I found myself masturbating every night
    and going to mass every morning
caught in a vicious vortex, a snarling shark's mouth
    of guilt and pleasure
        even looking at my palm in the light some days
            wondering when it was going to fall off
    or when I would become an amputee or ape
             dragging my knuckles on the sidewalks
    and sooner or later I would be shot
    because I was just too damn evil for loving my body
when everybody else hated theirs
    and it seemed nobody else knew sex existed except me as a boy
    every time wind blew
up a woman's dress my eyes were two black birds
    on the two roseate peach cheeks beneath her panties
    when a woman crossed her leg just so
meekly and covertly I averted my eyes to see up her crack
    into that forbidden dark moist crevice
where I believed all love and pleasure and ecstasy was kept
    and their long glance sent me into a hard-on hysteria
    and there was temptation everywhere.

I was a young leper boy
    thinking my skin a diseased oozing sore
    thinking I was the worst
             of all possible demons
    and my boy heart filled with fear
at any time God would strike me down and blast me into dust
    for thinking and feeling
             a young boy's normal sensations . . .
I was worse than spit-bucket bile my uncle suffering from
    pneumonia
    retched out.

obligándome
                    a hacer las peores tareas
todo el tiempo diciendo que yo merecía castigo, merecía morir y
    que me quitaran
                    la piel lentamente con látigos
                        hechos de agujas de cacto.
    Merecía que me dejaran en las montañas
                para morirme de frío
                y que me comieran los buitres
y hasta eso sería demasiado bueno
    y aprendí a odiarme
                    odiar todas las cosas
                        que vinieran del cuerpo sucio
    avergonzarme de mi pene, intentar esconderlo
    y castrarme emocionalmente
                        hacerme un eunuco virtuoso
    bañando la mano sucia que sostuvo mi pene
        en la fontana de agua bendita en la iglesia
            cerrando los ojos con el remordimiento de haber nacido.

de Libro V: Renacimiento

Uno

Una cremación, la mía, diario
            despierto de un mundo onírico carbonizado
en un incendio de aves cantando afuera de la ventana de mi cuarto,
        la piedra plana y ahuecada de mi corazón
            en que muelo sueños a una harina, y la disperso sobre treinta años de mi
vida—
a los aves doy—
                qué más hay?
            Esos túneles de gente que conocía y que apoyaba mi coraje,
                encendí
sus sombras con mi cara temerosa, para conocer su oscuridad
es como he vivido, siempre en la oscuridad, siempre ignorante,
siempre tomando decisiones que beneficiarán a los niños de la tierra.

I tried to repent
by praying, by thinking I was scum, keeping my eyes lowered,
    forcing the worst
           jobs on myself
saying all the time I deserved punishment, I deserved to die and
    be stripped of
              of my skin slowly with whips
                  made of cactus needles.
    I deserved to be left in the mountains
        to freeze to death
        and be eaten by vultures
and even that would be too good
    and I learned to hate myself
            hate all things
              that came from the dirty body
    be ashamed of my penis, try to hide it
    and emotionally neuter myself
            become a virtuous eunuch
    dipping my filthy hand that held my penis
      into the holy-water fountain in church
        closing my eyes with remorse that I was ever born.

from Book V: Rebirth

One

A cremation, my own, each day
    I awake from a charred dream world
in a blaze of birds singing out my bedroom window,
    the flat, hollowed stone of my heart
    I grind dreams in, to ground meal, and scatter over thirty years
of my life —
to the birds I give —
      what else is there?
      Those tunnels of people I knew and held my courage
        up, torched
their shadows with my fearful face, to know their darkness
is how I have lived, always in the darkness, always ignorant,
always making choices that will benefit the children of the earth.

¿Qué más hay?
Estamos extintos y vivimos en ruinas
    A no ser que
        reclamemos nuestro coraje para alabar a cada día,
intentemos ser todos hermanos,
todas hermanas,
como olas de mar solapándose, subiendo, altas coronas blancas formando arcos, encabritándose
    locamente
contra lo que nos hace daño, para vivir
                en paz . . .
Orgullosamente llevo las heridas de látigo
que me dieron hombres a quienes he escupido, negándoles que me domaran.
Piensa en la hoja como un ser sobrenatural,
    ve a los cerros y hazte cavernícola
después vuelve y dime
quién eres.
Seremos uno, vajilla de barro que lleva el agua
a niños ávidos de beber la vida,
moldeando con las manos sus vidas como el agua moldea la semilla que se abre
    sobre sí misma.

What else is there?
We are extinct and live in ruins
        unless
                    we claim our courage to praise each day,
try to be brothers all in all,
sisters all in all,
like sea waves overlapping, rushing, high whitecap arcing, rearing
        madly
at what hurts us, to live
                    peacefully . . .
I proudly wear the whip wounds
given me by men I have spat at, refused to let ride me.
Think of the leaf as a supernatural being,
        go to the hills and become a cave dweller
then come back and tell me
who you are.
We will be one, earthenware that carries the water
to children thirsty for life,
hand-shaping their lives like water shapes the seed open
        into its own self.

TREN-C &
TRECE MEXICANOS

C-TRAIN &
THIRTEEN MEXICANS

(2002)

de Tren-C

Cuatro

Abandoné
la escuela preparatoria y atravesé en mi veloz Mustang negro
los naranjales
del sur de California,
el radio a todo volumen; reclinado en el asiento,
me deslice por añejos pueblos fronterizos
desde Juárez hasta Tíjuas —
Joplin aullando el blues
y la guitarra cadereada de Hendrix
vibró mis viajes psicodélicos.
Llantas rechinaron y parachoques
chispeó en el asfalto como bengalas del Cuatro de Julio
debido al peso de una cajuela atestada
con kilos de Acapulco dorado envueltos en plástico,
que yo remolqué de Méjico
a Burque, Denver, San Diego y Oregon.

Muchachos de mi edad piaban por leche
en cafeterías mientras yo salaba el dorso de mi mano,
vacié un caballito de tequila, lambí la sal,
mordí una raja de limón, y le di cincuenta de propina a la cantinera —
en mi Mustang con doble-tanque y reproductor de cidí
yo forjé mi destino en la furia
de una sed rabiosa por ser alguien;
usé pantalones andrajosos con las rodillas hechas hilos,
una camisa de algodón a cuadros
desgastada en los codos,
lavada en los lagos de los parques
donde dormí y comí y viví
entre negocios y conciertos,
toqué mi armónica y golpeé congas,
bebí tequila y saludé con reverencia a la vida loca.

Mientras otros, a mi edad,
se inclinaban sobre libros de biología y astronomía
en sus dormitorios, copos de cocaína, blandos como plumas,

from C-Train

Four

I dropped out
of high school and drilled my black Mustang
through southern
California orange groves,
radio full blast; leaned back,
I glided aged border towns
from Juarez to T.J.—
Joplin wailing blues
and Hendrix hipped guitar
wanged my psychedelic trips.
Tires screeched and bumper
sparked asphalt like Fourth of July sparklers
from the weight of a packed trunk
of plastic-wrapped kilos of Acapulco gold,
I hauled from Mejico
to Burque, Denver, San Diego, and Oregon.

Boys my age clucked milk
in cafeterias while I salted my back hand,
emptied a shot glass of tequila, licked the salt,
bit a lemon wedge, then tipped the barmaid fifty—
in my duel-tank CD'd Mustang
I forged my fate in the fury
of a ravenous thirst to be somebody;
I wore tattered knee-shredded pants,
cotton plaid shirt
threadbare at elbows,
washed in park lakes
where I slept and ate and lived
in between business and concerts,
played my harmonica and beat congas,
drank tequila and saluted la vida loca.

While others my age
humped over biology and astronomy books
in dorms, downy feathered cocaine flakes

me sacudieron con volcánico seísmo
y me precipitaron
hacia un abismo
de cinco pies y once pulgadas
de placer fundente,
brillando con luz trémula una metamorfosis inmediata.

Mientras otros iban a la deriva
en la feliz pausa despreocupada
entre la adolescencia y la madurez,
mis socios
ofrecieron rayas y explicaron,
"Compra medio y te fío medio,"
prometiendo seguridad
en el caos exasperante del mundo.
Y mientras chicos universitarios de mi edad
se reanimaban con café y aspirina,
yo me metí tres–cuatro gramos por noche
en insomnio extasiado, hasta que mis ojos
eran ventanas heladas con escarcha
diluyendo lo que miraran
en contornos borrosos y desorden brumoso.

Amigos le sacaban pistolas a amigos.
Tapas Bic se usaban para probar el último cargamento.
El miedo y la paranoia sonaban disparos de advertencia
sobre glaciares tapados con nieve
de guijarros peruanos brillantes.
Yo zumbaba hacia paisajes inhóspitos, estériles
sin alimento ni sueño por días,
incapaz de recordar de dónde
vine, a dónde
iba.
Sonidos de gritos —
¿Dónde estoy?
¿Cómo regreso?
Arrojando muebles
en un desplante de furia,
rajé paredes,
y un humor demente funesto
oscureció mis palabras y gestos
con prudencia medida.

volcanized seismic meanings
for me and avalanched
me downward
into five feet eleven inches
of molten pleasure,
shimmering immediate metamorphosis.

While others drifted
in the happy thoughtless pause
between teenage years and maturity,
my business associates
offered lines and explained,
"Buy a half and I'll front you a half,"
promising security
in the maddening chaos of the world.
And while college kids my age
high-stepped on coffee and aspirin,
I snorted three–four grams a night
in sleepless ecstasy, until my eyes
were frost-chilled windows
diluting whatever was viewed
to fuzzed outlines and hazy mayhem.

Friends drew pistols on friends.
Bic caps were used to sample the latest load.
Fear and paranoia sounded warning shots
over snow-capped glaciers
of glittering Peruvian pebbles.
I whizzed into barren, bleak landscapes
on no food or sleep for days,
unable to remember where
I came from, where
I was going.
Sounds of screams —
Where am I?
How do I get back?
Hurling furniture
in a fit of fury,
I gashed walls,
and a mad mood of doom
darkened my words and gestures
with measured caution.

Yo cambié de amigos,
paré hasta las visitas marginales
a aquéllos que no le entraban a la cocaína.
Toda la noche esnifando.
¿Dónde estacioné mi carro?
¿Mis llaves?
¿Qué día es hoy?
Acusé a mujeres de una sola noche
de robarse mi guardadito,
granos de coca en mis fosas nasales,
labios partidos por falta de vitaminas,
ojos teñidos de rojo con vistazos insomnes
entre cortinas y miradas laterales,
mi cuerpo temblando y nervioso
de adicción.

Arranqué cajones,
voltee camas,
registré gavetas,
armarios, y por fin lo encontré,
desdoblé el papel de aluminio, corté
largas rayas blancas en un plato,
y esnifeé —
cartas en las encimeras de la cocina
sin abrir,
biles sin pagar, timbres y llamadas telefónicas
sin contestar.

Cinco

Las mentiras empezaron
porque quien era yo
no aguantaba la traición de lo que había hecho yo
a mis seres queridos, entonces creé un compartimiento
donde existía el mentiroso, una cueva estrecha y oscura donde
canibalizó su corazón y alma —
se mantenía lejos de otros —
aislándose en una casa de mentiras
saliendo al mundo sólo para tomar y drogarse
y coger, despertándose en la mañana sin recordar nada,

I changed friends,
quit even marginal visits
to those not into cocaine.
All-night snorting.
Where did I park my car?
My keys?
What day is today?
Accused overnight women
of stealing my stash,
coke grains in my nostrils,
lips cracked from lack of vitamins,
eyes stained red with sleepless
curtain peeks and side glances,
my body trembling and jittery
with addiction.

I tore out drawers,
turned over beds,
checked cabinets,
closets, and at last found it,
unwrapped the tinfoil, chopped
long white lines on a plate,
and snorted in —
letters on the kitchen countertop
unopened,
bills unpaid, doorbells and telephone calls
unanswered.

Five

The lies started
because who I was
couldn't take the betrayal of what I had done
to those I loved, so I created a compartment
where the liar existed, a small dark cave where
he cannibalized his heart and soul —
kept away from others —
isolating himself in a house of lies,
going into the world only to drink and drug
and fuck, waking up in the morning remembering nothing,

ninguna palabra, ningún comportamiento, regodeándose
en tenebroso aturdimiento de alcohol que acolchonaba las heridas,
las penas, el dolor entumeciente de la vida.
Cómo el peso se hacía más insoportable con cada día, cada encuentro—
quizás fuera rabia, quizás miedo, quizás la insuficiencia
de haber sido arrojado en el mundo sin aptitudes
ni palabras para comunicar mi corazón.
Cómo siguió, el sexo sombrío, sin rostro, sin cuerpo,
sin mente,
atrapado en una caída sórdida y vertiginosa hacia el olvido
hasta que el personaje que yo había creado para contener
las mentiras, los engaños, la borrachera, la violencia,
la complacencia desmedida, empezó a
partir las paredes que nos separaban, desmoronando
cimientos, aplastando la puerta
hasta que el veneno del personaje se filtró en la persona
que quería evitarlo, venas de mentiras
tóxicas y feas goteando en mis palabras limpias,
nublando mis ojos brillantes, palideciendo mis mejillas
hasta que me afligió una usurpación nefasta
de mi ser, consumido por un apetito glotón
hasta volverme en lo que odiaba, detestándome a mí mismo,
toda expresión mía cumpliendo su orden de
abandonar mi alma, mi corazón,
enredándome en mentiras, inmerso en mis propios fétidos engaños
de todo lo que amaba y respetaba.
Cómo me convertí en borracho, adicto, cada día y cada hora
mi corazón ulcérico aúlla por más y más
hasta que yo viví para la droga, viví para colocarme,
para perderme en el más oscuro abismo de la adicción.
Partes de mí se murieron, se fueron gateando a hoyos,
mi vida espiritual se quemó como papel en el viento,
mi compasión endureció como migas viejas
de pan, y dentro de mí
los perros de la cólera y la condenación gruñendo, rabiando
sin descanso, colmado de contradicciones,
muriendo y viviendo, libre y encarcelado,
sensible e insensible, dos personas,
dos vidas, extinguiéndose
en la alcantarilla de la adicción.

no words, no behavior, wallowing
in murky alcohol grogginess that padded the wounds,
the hurts, the numbing pain of life.
How the weight got heavier with each day, each encounter—
maybe it was rage, maybe fear, maybe the inadequacy
of being flung into the world without skills
or words to communicate my heart.
How it went on, drearily fucking, faceless, bodiless,
mindless,
caught in sordid, dizzying reel toward oblivion
until the character I created to contain
the lies, deception, drunkenness, violence,
the obscene indulgence, started
cracking the walls that separated us, crumbling
foundations, crushing the door down
until the character's venom seeped into the person
who wanted it kept away, ugly and toxic
veins of lies trickling into my clean words,
darkening my bright eyes, paling my cheeks
until I was haunted by an evil usurpation
of my being, consumed by a gluttonous appetite
until I was what I hated, loathing myself,
all my expression fulfilling its order
to abandon my soul, my heart,
miring myself in lies, bathing in my own foul deceptions
of all I loved and respected.
How I became a drunk, an addict, each day and every hour
my heart festering howls for more and more
until I lived for the drug, lived to get high,
to lose myself in the darkest abyss of addiction.
Parts of myself died, crawled away into holes,
my spiritual life burned like paper in the wind,
my compassion hardened like old crumbs
of bread, and within me
the dogs of wrath and condemnation snarling, raging
day in and day out, full of contradictions,
dying and living, free and imprisoned,
feeling and insensitive, two people,
two lives, guttering away
in the sewer of addiction.

Seis

Compré un pasaje de viaje redondo
en el Exprés Cocaína,
un tren blanco que va corriendo
por la noche. Los maleteros usan batas blancas
y te ofrecen rayas en bandejas de plata.
Para en cada pueblo
para recoger pasajeros—
tenderos, dentistas, abogados, jueces—
desde cada sector de la sociedad.
Seguimos, y el guía nos explica,
"Hombre, si pagas la cuarta parte,
te adelanto la mitad." El mundo puede ser nuestro, dice.

Nos adentramos más y más en los cerros nevados,
trepando glaciares hasta no ver señales de vida.
Sólo el resoplo y respiro extático del tren.
Estamos en vela.
Pronto, unos pasajeros empiezan a gritar en el coche
detrás del nuestro. Para apaciguar nuestros temores y paranoias,
        maleteros distribuyen rocas relucientes,
                hojas de afeitar doradas,
                        y cucharas de oro.
Comemos la misma comida
que ya hemos estado comiendo
por días, quizás meses.
Cuando uno de los pasajeros ricos pregunta
dónde vamos,
los maleteros no saben. El tren corre y corre,
zumbando por campos desolados.
Ha estado oscuro por mucho tiempo. El sol ha dejado de brillar.

De repente, después de meses, quizás años, nadie recuerda,
el tren choca bruscamente. El sonido de gritos llena mis oídos.
        ¿Dónde estamos? pregunta alguien.
        ¿Cómo volvemos?
        Por todos lados vemos la hermosa tierra nevada
        que nadie puede escapar.
Quizás un mes después, porque hemos perdido toda cuenta de los días,
los pasajeros empiezan a comerse uno al otro.

Six

I bought a round-trip ticket
on the Cocaine Express,
a white train that speeds
through the night. The porters are dressed in white coats
and offer you lines on silver platters.
It stops at every town
to pick up passengers—
shopkeepers, dentists, lawyers, judges—
from every sector of society.
We keep going, and the travel guide explains
to us, "Man, if you off a quarter,
I'll front you half." The world can be ours, he says.

We go deeper and deeper into the snowy hills,
up glaciers, until there are no signs of life.
Just the snorting and ecstatic breathing of the train.
We are sleepless.
Soon a few passengers start to scream in the car
behind ours. To appease our fears and paranoia,
        porters hand out glittering rocks,
                golden razor blades,
                        and golden spoons.
We eat the same meal
we have been eating now
for days, months maybe.
When one of the rich passengers asks
where we are going,
the porters don't know. The train speeds and speeds,
whizzing past barren countryside.
It's been dark for a long time. The sun has stopped shining.

Suddenly, after months, maybe years, no one can remember,
the train abruptly collides. The sound of screams fills my ears.
        Where are we? someone asks.
        How do we get back?
        All around us we see the beautiful white snowy land
        no one can get out of.
A month later maybe, for we have all lost count of days,
the passengers start eating each other.

Algunos oyen ecos y voces.
Algunos corren locos de remate al bosque blanco.
Otros se lanzan de acantilados.

Veintiuno

Debo evocar nuevamente esa parte de mí
       extinta como lo estuvo el halcón.

Si extendiera mi brazo en el campo
parándome ahí
meciendo el trozo sangriento de mi corazón al extremo de
de una extensión de cuero
¿Rodeando en el cielo fuera de mi vista me vería
con su agudo ojo castaño
y se lanzaría a mi brazo?
       Ya no me conoce ni confía en mí.
Si esa parte de mí está escuchando esta noche
estoy aquí para ti, si me escuchas, alma-halcón,
vuelve a mí.

Te voy a buscar en los campos,
esperando con paciencia.

       ¿Cómo convence uno a esa parte de sí mismo
       de que vuelva,
        esa parte que decía la verdad y descubría belleza
        en cada día?

Me meto en los escombros de mí mismo
desde tu partida.

Este zumbar a mi oreja que escucho de vez en cuando,
ráfaga de alas a mi oreja,
es mi halcón rozándome.

¿Dónde van nuestros espíritus cuando los mutilamos?
Halcón protestó en mi mano,
exasperado por las manchas de opio en las yemas de mis dedos,
cocaína en la sangre y licor en mi aliento.

Some hear echoes and voices.
Some run raving mad into the white wilderness.
Others fling themselves off cliffs.

Twenty-one

I must call back that part of me
extinct as the falcon was.

If I held my arm out in the field
and stood there
swinging the bloody chunk of my heart around
on a length of leather
would it circling high out of sight see me
with its sharp brown eye
and dive to my arm?
It does not trust or know me anymore.
If that part of me is listening tonight
I am here for you, if you hear falcon soul
return to me.

I go searching for you in the fields,
waiting patiently.

How does one persuade that part of oneself
to return,
that part that spoke truth and found beauty
in each day?

Climb back into the rubble of myself
since your departure.

That whirring at my ear I sometimes hear,
wing flurries at my ear,
is my falcon skimming over me.

Where do our spirits go when we maim them?
Falcon shrieked in my clutch,
maddened by opium stains on fingertips,
cocaine in blood and liquor on my breath.

Até una capucha de monje
sobre sus ojos
para que no viera
lo que yo estaba
haciendo y
lo puse en la
jaula de mi mente.
arranqué sus garras, corté sus
plumas,
destruí su nido, lo
cegué, lo encallé
y una noche después de abusarme
a mí mismo, desperté,
encontré la jaula abierta
manchas de sangre en mis manos
rasguños en mi cara—
Halcón se había liberado
y me dejó una jaula vacía.

No creo que esté extinto el hombre bueno.
Si soy honesto y honorable
y vivo con integridad
durante una caminata por la mañana
levantaré las manos para proteger a mis ojos
del sol un día,
lo veré rodeando de nuevo sobre mí,
y dejaré extender mi brazo;
descenderá con un estruendo majestuoso
de plumas
y se sentará en mi antebrazo,
garras apretadas alrededor de mi carne;
entonces
me entregaré a él,
cumpliendo mi promesa de una vida sana.

Siento viento en mi cara
y recuerdo mi vuelo . . .
O halcón, suelta tus alas de nuevo,
y vuelve . . .

I tied hood cowl over its eyes
so it wouldn't see what I was doing
and placed it in the cage of my brain.
I tore its claws out, cut its feathers,
destroyed its nest, blinded it, grounded it,
and one night after abusing myself, I awoke,
found the cage open
blood spots on my hands
cuts on my face —
Falcon had freed itself
and left me an empty cage.

I do not think the good man is extinct.
If I am truthful and honorable
and live with integrity
on a morning walk
I will place my hands to shade my eyes
from the sun one day,
        see it circling again above me,
        and I will let my arm out;
        it will dive down in a majestic roar
        of feathers
        and sit on my forearm,
        talons tight around my flesh;
        then
I will surrender to it,
keeping my promise for a healthy life.

I feel wind on my face
and remember my flight. . . .
O falcon, loosen your wings again,
and return. . . .

Treinta

El día que dejé
de ser un extraterrestre ante mí mismo fue esa tarde
que me reuní con Benny en el café de Cuco,
un restorán familiar con refrescos mexicanos,
jornaleros con llíns mugrosos de tierra, llevados a la cadera
y con caras azotadas por el viento y el sol
hasta verse como verdaderos rostros humanos.
Ordenando una Coca, bebiéndola a sorbos en la mesa,
yo sabía que era la última vez que me empedaba, que me drogaba,
sabía que el mundo a mi alrededor se derrumbaba,
vi dos hombres bebiendo Coors peleando, vi como le dispararon a uno,
las riñas en la cancha de baloncesto,
mi propia dulzura atacada, mi nuevo cambio
incapaz de soportar mirar mis viejos yos.
Me paré en una esquina y miré una mujer retrasada mental
y su novio peleando, ella llorando e intentando
rajarse la muñeca con la llave de su departamento,
él paseando de un lado a otro con la cara colorada, desesperado, sin saber
cómo aplacarla
mientras ella se sentaba en la banca del bus golpeándose la muñeca,
y después un tipo en la autopista tocando el claxon
sin nadie alrededor, cargándole la mano,
haciéndolo sonar desenfrenadamente por pura demencia.
Yo viendo todo esto, preocupado por biles,
por confesar mis mentiras, mis engaños,
sintiéndome tan sensato y moralmente regenerado como nunca,
sabiendo que la hora de la verdad había llegado,
cómo lo tenía que contar todo, purificarme,
porque en todos los otros aspectos ya había estado
preparándome para mi anhelada libertad, esperándola,
cómo me alcanzaba con su garra donde yo trataba de esconderme,
hambriento me encontraba husmeándome, demolió barricadas,
las paredes que había construido, mirando cómo vidas
paralelas que yo había vivido fluían a mi alrededor, mirándome
en la muchacha retrasada mental, el prisionero en el asiento trasero de la patrulla,
el hombre tocando el claxon locamente—demasiados
hoteles borracho y drogado con mujeres que no conocía,
demasiada violencia, demasiadas
crisis nerviosas, y demasiada felicidad fingida,

Thirty

The day I stopped
being an alien to myself was that afternoon
meeting Benny at Cuco's café,
a familiar restaurant with Mexican soft drinks,
laborers with hip-hung dirt-grimed jeans
and faces beaten by sun and wind
to look like real human faces.
Ordering a Coke, sipping it at the table,
I knew it was the last time I'd booze it up, get high,
knew the world around me was caving in,
saw two men on Coors fighting, saw one get shot,
the fights on the basketball court,
my own sweetness assaulted, my new change
unable to bear the sight of my old selves.
I stopped at a corner and saw a retarded woman
and her boyfriend fighting, her weeping and trying
to slice her wrist with their apartment key,
he pacing red-faced, beside himself, not knowing
how to appease her
as she sat on the bus bench whacking at her wrist,
and later this guy on the freeway honking his horn
with no one around, laying his hand on it,
blasting away out of sheer insanity.
Me seeing all this, worried about bills,
about confessing to my lies, deceptions,
feeling sensitive and morally healthy as I never had,
knowing the time for reckoning had come,
how I had to tell it all, cleanse myself,
because in all other areas I already had been
preparing for my long-awaited freedom, waiting for it,
how it clawed at me where I tried to hide,
sniffed me out hungrily, demolished barricades,
the walls I'd constructed, seeing how parallel
lives I'd lived streamed around me, seeing myself
that retarded girl, the prisoner in the back of the cop's car,
the guy madly honking his horn — too many
hotels drunk and high with women I didn't know,
too much violence, too many
breakdowns and too much pretended happiness,

todas esas noches acostado en la oscuridad
acurrucado, esperando que los potros torturadores de dolor
amainen, esperando estar sobrio, ser puro, ser auténtico—
sábanas empapadas de sudor, cara demacrada y ojerosa,
ojos débiles y hechos humildes—pensando cómo volvió a pasar,
cómo nuevamente caí, nuevamente fui atrapado,
mi alma llena de maldad.
Yo recuerdo el último día
cuando ingerí drogas, cómo el escalofrío llenó
mis venas, mi corazón, con corrupción, veneno,
cómo después de todo el esfuerzo que había hecho para permanecer sobrio
me había vuelto en un payaso sórdido,
cómo ese día, esa mera tarde de domingo,
podía ser, podría ser, debía ser
el día que paraba.

de Trece Mexicanos

Siete

El pasaje fue pagado
para la vida que disfruto
por las tantas relaciones que vinieron antes de mí:
pastores, mineros, trabajadores siderúrgicos, trabajadores de campo,
carpinteros, rancheros, conserjes, sirvientas—
      gente con sentido común,
      Católicos devotos,
      vestidos y bañados y trabajando al amanecer
      parando cuando ya no podían ver sus manos
alrededor de la manga de la pala, cada uno
con un sueño nutrido
de risa, tierra rastrillada suave alrededor de las raíces,
hasta que la próxima generación cortó una rama
e hizo un arco y flecha,
      la próxima hizo zapatos y canastas de su corteza,
      talló y rascó árboles jóvenes hasta la fibra para hacer mecate,
hizo canoas, cuchillos, mantuvo encendido el fuego,
compartió canciones e historias,

all those nights lying in the dark
huddled up, waiting for the torturous racks of pain
to subside, waiting to be sober, to be clean, to be true—
sheets drenched in sweat, face drawn and haggard,
eyes weak and humbled—thinking how it happened again,
how again I'd fallen, again I'd been ensnared,
my soul filled with evil.
I remember the last day
when I ingested drugs, how the chilling filled
my veins, my heart, with corruption, venom,
how after all the work I'd done to stay clean
I'd become a sordid clown,
how that day, that very Sunday afternoon,
could be, would be, must be
the day I stopped.

from Thirteen Mexicans

Seven

The ticket was paid
to the life I enjoy
by the many relations who came before me:
sheepherders, miners, steelworkers, field-workers,
carpenters, ranchers, janitors, maids—
          commonsense folks,
          devout Catholics,
          dressed and washed and working at sunrise
          quitting when they could no longer see their hands
around the shovel handle, each
with a dream nourished
with laughter, raked soil soft around the roots,
until the next generation cut a branch
and made a bow and arrow,
          the next made shoes and baskets of its bark,
          chiseled and scraped saplings to fiber for rope,
made canoes, knives, kept the fire lit,
shared songs and stories,

ignoró ampollas, dolores, heridas,
creyó en la luz como dios, en la primavera como mujer,
raramente tuvo dinero,
mantuvo comida en la estufa a fuego lento para visitas con hambre,
cumplieron su palabra,
mantuvieron su ropa remendada y la usaron
hasta que la tela azul se blanqueó y botones brillosos se opacaron,
mangas de herramienta con surcos de sudor:
mexicanos e indígenas americanos,
cada día cargando su lonchera al trabajo,
se aseguró que un día tendría un libro para leer,
yo fuese libre de caminar por la calle
sin que me hostigue la policía,
sin ser perseguido por el color de mi piel
o por mi cultura,
sin ser objeto de burla o ridículo,
todo pagado por mis familiares
antes de mí,
yendo a los campos en cajas de camioneta,
sudando con un azadón corto en los surcos,
soñando que un día los hijos de sus hijos,
los que no murieron prematuramente al nacer
o por trabajo de esclavo,
tendrían la libertad de expresar su belleza.

Ocho

Cuando heredé
el anillo de papá, lo deslicé sobre mi dedo—
turquesa bordada con plata.

Ahora estaba consciente de mi mano. En un semáforo,
o esperando a un amigo en un café, o sólo,
escribiendo, estudiaba el paisaje del anillo:

El centro de la piedra acuñado con un arroyo,
y las líneas blancas onduladas, como si gansos de otoño
volaran en la piedra azul.

Pensé en las minas de turquesa cerca de Magdalena
y el rechoncho minero apache-mexicano de cara bronceada

ignored calluses, aches, wounds,
believed in light as a god, spring as a woman,
rarely had money,
kept food on the woodstove simmering for hungry visitors,
kept their word,
kept their clothes mended and wore them
until blue cloth turned white and shiny buttons glossed dull,
tool handles grooved with grip:
Mexicans and Native Americans,
every day carrying their lunch box to work,
ensured one day I'd have a book to read,
I'd be free to walk down a street
without police harassment,
without being prosecuted for the color of my skin
or my culture,
not be mocked or ridiculed,
all paid for by my relations
before me,
riding pickup beds to the fields,
sweating with a short hoe in the rows,
dreaming one day their children's children,
the ones who did not die prematurely at birth
or from slave work,
would have freedom to express their beauty.

Eight

When Father's ring
was passed down to me, I slipped it over my finger—
turquoise stone bordered by silver.

I was now conscious of my hand. At stoplights,
or waiting for a friend in a café, or off writing by
myself, I studied the landscape of the ring:

The center of the stone ridged with an arroyo,
and white waving lines as if autumn geese
flew in the blue stone.

I thought of the turquoise mines near Magdalena,
and the squat bronzed-face Apache Mejicano miner

que extrajo la piedra. Y la montaña que formó
de la piedra una gota azul de lluvia
       durante las lluvias del origen universal,
       cuando a todas las cosas se les otorgaron caras y voces,
       moldeando el anillo
       en una epopeya:
traqueteo de las ruedas de carretillas de hierro, picos y palas
sonadas contra rocas, oí
oculto en la piedra
heredada de generación
       en generación.

Dieciséis

Trece mexicanos,
cada uno pagó desde doscientos cincuenta a quinientos
al coyote que los pasó a los Estados Unidos para trabajar,
chocaron contra la parte trasera de un tráiler de dieciséis ruedas
y murieron anoche —
       el más joven de trece.
Ellos murieron queriendo trabajar,
hubieran hecho lo que fuese para ti —
lavado tu ropa sucia, platos, fregado escusados —
       pero ésta mañana nadie piensa acerca de ellos,
       a nadie le importa quiénes eran, qué canciones guardaban en sus corazones,
       cuáles eran sus sueños, quiénes eran sus padres,
       sólo un montón de espaldas mojadas —
su sangre, congelándose en el pavimento de la carretera,
       refleja tu indiferencia,
       marina tu comida,
sus irreconocibles cadáveres desfigurados
       las cabezas y los miembros y los torsos regados
son recordados en el puño con nudillos blancos que alzo
hacia ti
       que necesitas tus cosechas levantadas, campos cultivados,
       casas limpiadas, jardines arreglados,
       niños cuidados —
trece de ellos anoche,
       miles más en campos de agricultores,
       restoranes,

who picked the stone. And the mountain that had formed
the stone into a blue raindrop
        during the rains of universal beginning,
        when all things were given faces and voices,
        shaping the ring
        into an epic:
clanks of iron cars' wheels, picks and shovels
clanged against rocks, I heard
hidden within the stone
passed down generation
        to generation.

Sixteen

Thirteen Mexicans,
each having paid from two fifty to five hundred
to the coyote to smuggle them in the United States to work,
crashed into the back end of a sixteen-wheeler
and died last night—
        the youngest thirteen.
They died wanting to work,
would have done anything for you—
washed your dirty clothes, dishes, scrubbed toilets—
        yet this morning no one thinks about them,
        no one cares who they were, what songs they had in their hearts,
        what their dreams were, who their parents were,
        just a bunch of wetbacks—
their blood, freezing on the highway pavement,
        reflects your indifference,
        marinates your food,
their disfigured, unrecognizable corpses,
        scattered heads and limbs and torsos
are remembered in the white-knuckle clenched fist I raise
to you
        who need your crops cut, fields hoed,
        houses cleaned, yards landscaped,
        children cared for—
thirteen of them last night,
        thousands more in growers' fields,
        restaurants,

gasolineras de veinticuatro horas
y compañías de construcción,
no les fue ofrecido ningún cuidado médico, ni educación, ni alojamiento higiénico;
perros, gatos, pájaros y ratas reciben mejor trato
y no hay mula de Georgia que jamás trabajó más duro
que mis hermanos y hermanas mexicanos,
sin papeles de ciudadanía pero con corazón, alma y mente
    llenos de sueños,
    contratados y no pagados, saludados si son necesitados
pero, después de terminar su trabajo,
amontonados en camiones de transporte de ganado, plataformas de camione-
tas, furgonetas, celdas de cárcel, corrales para animales,
disparados, electrocutados, golpeados, exiliados, robados, abucheados, culpados,
porque creen en el sueño americano
que nosotros damos por sentado.
    No me digan que ha terminado la esclavitud,
    no me digan que no hay prejuicio,
    o que los jueces deciden justamente —
las esposas, el gas lacrimógeno, las celdas, la policía y la Migra
no fueron creados para los ejecutivos ricos.
¿Imagínate que has trabajado de sol a sol,
    después te estafan tu sueldo,
    y cuando vuelves a tu tienda de campaña helada,
    tu jefe llama a la Migra
    para deportarte y no tener que pagarte?
Imagina a tus hijos trabajar todo el día en un *sweatshop*,
    para después ser arreados en coches celulares
    y depositados en la frontera.
Qué hipocresía,
    qué engaño tus oraciones en los oficios religiosos dominicales,
    suponiendo que tu tienes más derecho a vivir y respirar y comer
    explotando a los menos afortunados.

Veintiséis

El final de octubre siempre me ha impresionado hasta el fondo de la sangre.
La velocidad rápida del cambio. Hojas girando
y grandes moretones dorados de copas de árboles. Todo
está asociado, relacionado uno al otro.
Construcciones frágiles rechinan. El lustre gris

all-night gas stations
and construction companies,
offered no medical care, no education, no sanitary living quarters;
dogs, cats, birds, and rats are treated kinder,
and no Georgia mule ever worked harder
than my Mexican brothers and sisters,
lacking citizenship papers but with heart, soul, and mind
full of dreams,
worked and not paid, greeted when needed
but, after their work is finished,
crowded into cattle cars, truck beds, vans, jail cells, livestock pens,
shot, electrocuted, beaten, exiled, robbed, jeered at, blamed,
because they believe in the American Dream
we take for granted.
Don't tell me slavery has ended,
don't tell me there's no prejudice,
or that judges rule fairly —
handcuffs, pepper Mace, cells, police, and the INS
were not created for the rich corporate executives.
Imagine having worked from dawn until dusk,
then being cheated out of your pay,
and when you get back to your freezing tent,
the boss calls Immigration
to drag you away so he doesn't have to pay?
Imagine your kids working all day in factory sweatshops,
then being herded into paddy wagons
and deposited on the border.
What hypocrisy,
what a sham your prayers are at Sunday services,
assuming you're more entitled to live and breathe and eat
by exploiting the less fortunate.

Twenty-six

The end of October has always bored down deep in my blood.
The rapid speed of change. Twirling leaves
and great golden bruises of treetops. Everything
is associated, related to each other.
Brittle constructions creak out. The gray luster

de graneros de estaño al amanecer. El crecimiento ensimismado de los colores.
La madera de los cercos negrea, hiervas malas del campo blanquean, el aire
                                                                    brilla frío
hacia los pulmones y contra los cachetes. La yegua
galopa, cola arqueada, relinchando, cuello levantado,
por el campo.
Hago sopa o ensalada,
y un platillo de calabacín mientras niños corren por la cocina.
Mis herramientas yacen durmientes:
martillo, sierra, rastrillo, pala y otras, como raíces gruesas
endureciendo en el cobertizo polvoriento. Entro en la cocina con barro en los
                                                                    zapatos.
Me sirvo una taza de café
y noto cómo
cada cosa opina sobre sí misma en octubre.
Los árboles cuentan historias, relatos en que lo pierden todo y entran solos
                                                            valientemente
a la mañana gris. Los pájaros prueban el aire
como catavinos. El presentimiento de las cosas arde sin llama hacia fuera y los
                                                            guijarros
en la entrada celebran la antigua relectura de ciclos eternos —
las piedras son ojos duros sobresalientes pegados a la parte superior de la tierra —
son los ojos de los muertos que han emergido,
y durante el mes de octubre
los puedo ver detrás de las hojas caídas estudiándome
mientras camino por el sendero.

of tin barns at dawn. The inward growth of colors.
Fence wood blackens, field weeds whiten, the air shimmers cold
into the lungs and against cheeks. The mare
gallops, tail arched, bucking, neck reared,
across the field.
I make soup, salad,
and a squash dish as kids run through the kitchen.
My tools lie dormant:
hammer, saw, rake, shovel, and others, like thick roots
hardening in the dusty shed. I track mud into the kitchen.
I pour myself a cup of coffee
and notice how
everything gives an opinion of itself during October.
The trees tell stories, tales of losing everything and going bravely
into the gray morning alone. Birds assess the air
like wine tasters. The intuition of things smolders forth and the pebbles
in the driveway celebrate the ancient rereading of eternal cycles—
the stones are hard bulging eyes attached to the top of the earth—
they are the eyes of the dead that have floated up,
and during the month of October
I can see them peer at me from behind the fallen leaves
as I walk along the path.

POEMAS DE INVIERNO EN LA RIBERA
DEL RÍO GRANDE

WINTER POEMS ALONG THE RIO GRANDE

(2004)

2.

Hoy, corriendo a lo largo del río,
        hojas muertas se adhieren
        a ramas de las de álamo de catedral,
        truenan en el viento que sopla a rachas,
        sueltan un siseo cuscurrante . . .
Un viento, ligero como hostia, alza
polvo suelto de la senda
y por arriba de mí,
hojas grises chocan suaves en ramas encumbradas
        sonidos
        que se podrían oír en el patio silencioso
        de un monasterio
        como los pasos en sandalias de los monjes
        orando, andando
        sobre el patio barrido,
        andando y orando.

Corro, por debajo de las hojas invernales
cuando justo frente a mí a la vuelta,
        un faisán gordo
        anillo blanco en el pescuezo, plumas gris-negras moteadas,
        cabeza verde luminiscente
            se escabulle por la maleza seca,
        chocando como los rosarios en las mangas de las monjas
        apurándose a la capilla para la misa vespertina.

        Continúo trotando. Un halcón desciende en picada
y se esfuma entre las copas de los árboles rumbo al río.
        Cuervos negros.
Tierra limpia barrida.
Luego, al final de la senda
dando vuelta, hacia el norte, me preocupo por el amor
que tengo por esta mujer. Entonces veo siete pares
de patos reales que se echan a volar aterrados por mi brusca aparición,
y pienso cómo ellos se aparean de por vida y más allá de ellos,
firme en la loma de la zanja, con porte majestuoso,
                    una garza azul . . .

2.

Today, running along the river,
        dead leaves cling
        to cathedral cottonwood branches,
        snap in the gusty breeze,
        give a crisp hiss . . .
A wafer thin wind spades up
loose dust from the path,
and above me,
gray leaves clash soft in towering boughs;
        sounds
        that might be heard in the silent yard
        of a monastery
        like the sandaled steps of monks
        praying, walking
        over the swept yard,
        walking and praying.

I run, beneath the winter leaves
when right ahead of me at the turn,
        a plump pheasant
        white ring neck, gray-black mottled feathers,
        green phosphorescent head
            scurries into the dry brush,
        clashing like rosaries in the sleeves of nuns
        hurrying to the chapel for evening mass.

        I jog on. A hawk swoops out
and vanishes into the tree tops toward the river.
        Black crows.
Clean swept dirt.
Then at the end of the path,
turning, heading north, I worry over the love
I have for this woman. Then I see seven pairs
of mallards burst up in fright at my sudden appearance,
and I think how they mate for life and beyond them,
poised on the ditch bank, with such regal bearing,
                    a blue heron . . .

Es entonces que oigo una voz,
una voz cristal carámbano clara brillosa,
agua fría pero hecha de sonido,
me dice, que mantenga fuerte mi vínculo con los espíritus
que mantenga espiritual mi trabajo,
que me quede unido al Creador,
y todas mis inquietudes serán atendidas con el tiempo.

Ah, es una buena carrera . . .

4.

La elegancia,
la humildad más dulce, con que la
lila presiente el momento
        para dejarse ver—
        lucha contra la adversidad todo el invierno
        las más frías noches,
        tormentas silbantes,
aferrada a postes,
zarandeada y arrojada,
pisoteada, picoteada por cuervos,
casi devorada por insectos,
aporreada por un calor brutal—
        y todo el tiempo
        quieta como un Buda esculpido en piedra
        meditando,
dócilmente saluda al mundo
en su voto de silencio, sola del nacimiento a la muerte, en la lluvia
tejiendo su ser en una flor carmín sin nombre
que se abre con la aurora.

            Y preservamos
                su cuerpo
                entre páginas de libros,
                que han mantenido nuestra fe en el amor,
                junto a versos de poesía que queremos tanto
                    donde colocamos nuestros sueños

It's then I hear a voice,
a crystal shining icicle clear voice,
cold water but made of sound,
tells me, keep my connection to the spirits strong,
keep my work spiritual,
stay connected to the Creator,
and all my worries will be answered in time.

Ah, it is a good run . . .

4.

The elegance with which,
in the sweetest humility, the
lilac senses the time
        to show itself—
        fights adversity all winter
        coldest nights,
        blowing storms,
clinging to fence posts,
tossed and heaved,
trampled, pecked by crows,
almost eaten by insects,
pummeled by brute heat—
        yet the whole time
        still as a stone-carved Buddha
        meditating,
silently greets the world
in its vow of silence, birth to death alone, in the rain
weaving its being into a nameless red blossom
opening at dawn.

        And its body
            we preserve
            in pages of books,
            that have kept our belief in love,
            next to poetry lines we love so much
                where we place our dreams

para tenerlos seguros
del mundo dañino
que nos lastima tanto a veces,
                    pongo esta flor.

8.

para Tony & Mildred

De niño vivía en un rincón—
yo colocaba mi estera en el suelo
amortiguando la madera,
acomodando mis mantas en un cojín-montículo
y me enroscaba encima de ellas, un perro, acurrucándome en mí mismo,
oliendo mi propio olor, mi propio pelo, mis propios miembros, mi propio
                                        aliento—
y por tener todas eso
le deseaba buenas noches al mundo.
Mi aliento el talón blanco naciente de un águila bebé
arañando al aire en el rostro extenso de estrellas y sombras de la noche,
yo soñé con
osos pardos retozando en verdes praderas
y con carneros en picos
cubiertos de nieve.

De adolescente
me fui de mochilero, ropa
playera y vaqueros
y deambulé por la gran pradera,
con la guitarra pulimentada de melancolía
sobre mi hombro,
y a veces yo le tocaba las canciones más dulces
al césped,
saludaba al viento como redentor, extendía mi cuerpo y
honraba
con ambos brazos
al olmo, al cedro, al mezquite que raramente
me dieron sus voces pero siempre, siempre
con paciencia

for safekeeping
from the harmful world
that hurts us so much some times,
                    I place this flower.

8.

for Tony & Mildred

As a child I lived in a corner—
I'd place my mat on the floor
padding the wood,
patting down my blankets into a mound-cushion
and I curled up on them, a dog, snuggling into myself,
smelling my own smell, my own hair, my own limbs, my own
                                              breath—
and because I had all these
I wished the world a good night.
My breath a baby eagle's white emerging talon
scratching the air at the night's vast face of stars and shadows,
I dreamed of
grizzly bears romping in green pastures
and rams on snowcapped
peaks.

As a teenager
I back-packed, clothing
t-shirt and jeans
and ambled in the great prairie,
with the worn out guitar of sadness
over my shoulder,
and sometimes I would strum the sweetest songs
to the grass,
I hailed the wind as savior, reached up and
honored with
both arms
the elm, cedar, and mesquite trees that seldom
gave their voices to me but always, always
patiently

escucharon, sus mirlos aplaudiendo con las alas
mientras yo me empecinaba subiendo cerros pedregosos de pueblos
pequeños
donde la gente todavía enterraba a sus muertos en
capillas,
enterraban a sus bebés en
la tierra
detrás del altar
y yo entraba, buscando calor
a salvo
del amanecer helado,
y le cantaba al bebé
que había muerto de pulmonía.

Yo sabía entonces que no podía dejar la guitarra en cualquier parte,
porque cuando la dejaba recargada contra una piedra,
se levitaba, flotaba en el aire, se replegaba contra mi hombro
cual caballo hociqueándome el codo pidiendo terrones de azúcar
o en el corazón pidiendo canciones,
y yo las cantaba,
a sabiendas que lo que cantaba era un obsequio para ajenos,
que no me lo podía quedar,
de la misma forma que abuelita alimentaba a desconocidos en nuestra cocina
abultando sus platos con fríjoles, chile, tortillas
cuando yo sabía que después de irse
no tendríamos qué comer.

De hombre,
hospedado en un hotel en Málibu y despertando
lo suficiente temprano
para alcanzar a ver la marea
asaltar ferozmente a la playa, azotándola como con manos alocadas de con-
guero,
las olas como mil danzantes gitanos
sacudían caderas, aplaudían, echaban el pelo a un lado, sudando
mientras balanceaban sus hombros y ondulaban sus pelvis
en la tormenta más feroz destruyendo
orgasmo gimiente sobre mí,
como si nada les importara a ellas,
ni tampoco a mí.
Corrí por la playa,

listened, their black birds clapping wings
as l hunkered up stony hills of small
villages
where the people still buried their dead in
capillas,
tiny little chapels,
they would bury their infants in
the dirt
behind the altar
and I would enter, seeking warmth
from the
chill dawn,
and sing to the little baby
who had died from pneumonia.

I knew back then I couldn't leave the guitar anywhere,
because when I left it against a rock,
it would rise, float in the air, lay itself against my shoulder
a horse nuzzling my elbow for sugar cubes
or my heart for songs,
and I sang them,
knowing what I sang was a gift for others,
that I could not keep it,
in the same way my grandma fed strangers in our kitchen
heaping their plates with beans, chile, tortillas
while I knew after they left
we'd be out of food.

As a man,
while staying in a Malibu hotel room and waking up
early
enough to catch the tide
fiercely assault the shore, lashing it with conga-maddened hands,
the waves like a thousand gypsy dancers
shook hips, clapped hands, flung their hair around, sweating
as they swayed their shoulders and undulated their pelvises
in the fiercest storm destroying
moaning orgasm on me,
as if nothing mattered to them,
and nothing mattered to me.
I ran along the shore,

sabía en mi sangre que esto era una profunda bendición,
una convocación a cantar, un sermón para mí
para que ceda lo que otros pudiesen tomar de la vida
y me lance a la playa abierta sin límites de cada día
y cante así como estas olas bailaron para mí.

Entonces ahora
cargo esta guitarra pulimentada, lo he hecho por treinta años
de ciudad a ciudad,
de las vecindades en Baltimore infestadas con crack,
al Lower East Side de Nueva York donde vatos cachorros
presumen sus bullterrier,
hasta El Paso donde jóvenes leones chicanos vagan las
calles
filmando y escribiendo poesía y bebiendo y riendo,
y a través de los años,
junto con una risa robusta que siempre hace eco a las estampidas de
los cañones,
hay una tristeza presente en cada uno de mis gestos
oscurece cada palabra,
merodea detrás de cada risa.

A veces la siento emerger, ocultándose en mis mangas y
coloreando mis mejillas cuando estoy en las montañas
en un pintoresco pueblo vacacional—
estoy saliendo de una puerta a las frías calles matutinas
y mirando a gente en sus chaquetas, sus gorras de algodón, caminando
torpemente en sus
botas
sobre la nieve caída anoche,
esta tristeza los observa a través de mis ojos
y me imbuye de compasión
por nosotros—nosotros los humanos, nosotros las gentes que siempre
cometeremos
errores,
y así de repente,
los estoy viendo de niños sorbiendo sopa con cucharas grandes
sus miradas sobre la sopa, eludiendo a sus madres y padres
que anoche montaron en cólera tomando y discutiendo,
y, de repente, el niño cantante que fui en la cocina de mi abuela está
trepando
la silla y alcanzando la guitarra

knew in my blood it was a deep blessing,
a calling to sing, a preaching to me
to pass up what others might take from life
and lunge myself into the shore of the openness of each day
and sing as these waves danced for me.

So I carry
this worn guitar now, have for thirty years
from town to town,
from Baltimore's crack-infested tenements,
to New York's Lower East Side where young vatos
strut their pitbulls,
down to El Paso where young lions of Chicanos roam the
streets
filming and writing poetry and drinking and laughing,
and over the years,
along with a robust laughter that always echoes stampeding from
canyons,
there is a sadness that attends my every gesture
shadows every word,
lurks behind each laughter.

I sense it sometimes emerge, hiding in my sleeves and
coloring my cheeks when I'm in the mountains
in a quaint resort town—
I'm coming out of a door onto the cold morning streets
and seeing people in their jackets, cotton caps, clomping in their
boots
over last night's fallen snow,
this sadness observes them through my eyes
and imbues me with compassion
for us—we humans, we people who will always make mistakes,
and just as suddenly,
I am seeing them as children sipping soup from large spoons
their eyes on the soup, avoiding their mother and father
who last night raged from drinking and arguing,
and suddenly the child singer I was in my grandmother's kitchen is
climbing
up on the chair and reaching for the guitar
hanging on a peg-bone of my ribs
and as I walk down the street for my coffee, I am singing, almost
weeping

colgando de un hueso-clavija de mis costillas
y mientras camino por la calle por mi café, estoy cantando, casi
llorando
de modo que no puedo respirar, casi llorando y sin embargo en cada
lágrima hay una
sonrisa
una canción, una risa por nuestro bien,
alabando nuestra gloria, nuestra timidez respecto a nuestros desengaños
y yo canto
como me ha enseñado el bosque,
como me ha enseñado la montaña en Cañones, como me ha enseñado
mi querido amor,
como me han enseñado mis amigos en el Círculo Sagrado,
como me han enseñado Efrén, Valentín, y otros en la cancha de baloncesto en
el gimnasio,
como me ha enseñado Salvia Verde, mi perro,
como me han enseñado mis hijos —
que hay lugar para todos nosotros,
y bastante amor para repartir,
esto es lo que canto sentado en las riberas del Río Grande
viendo a las corrientes desdoblarse en un fluir liso
de amor
hasta su final;
que yo, como él, estoy para hacer islas de mis canciones
donde la gente que no alcance a nadar la anchura, que no sea tan fuerte
como para cubrir la distancia completa que otros sí pueden,
permite que mis canciones se vuelvan bancos de arena e islas pequeñas donde ellos
puedan descansar,
donde los gansos migrando hacia el sur puedan anidar,
donde las semillas silvestres sopladas desde cientos de millas
en las praderas, donde otras abuelas ahora mismo
comparten su comida con desconocidos,
puedan pegar raíz, abrir, germinar el verdecer de mis
obsequios
ofrecidos liberalmente bajo el sol,
a todos, de cada color e inclinación espiritual.

Todos nuestros orígenes descienden del mismo gran ombligo de la vida,
y yo soy afortunado, tengo canciones
para regalar cada día.
Yo nunca vengo con las manos vacías,
yo vengo pariendo obsequios que toco en esta pulimentada

so that I can't breathe, almost weeping and yet in each
tear is a
smile
a song, a laugh for our benefit,
praising our glory, our reluctance over our heartbreaks
and I sing
as the forest has taught me,
as the mountain in Canones has taught me, as my dear love
has taught me,
as my friends at the Sacred Circle have taught me,
as Efren, Valentin, and others on the basketball court at
the gym
have taught me,
as my dog, Green Sage, has taught me,
as my children have shown me —
that there is room for all of us,
and plenty of love to go around,
this is what I sing sitting on the banks of the Rio Grande
watching the current's curling into smooth down flowing
love to
its ending;
that I, like it, am to make islands of my songs
where people who can't swim the width, who aren't as strong
to make the full distance others can,
let my songs become sandbars and small islands where they
can rest,
where the geese migrating south can nest,
where the wild seeds blown in from hundreds of miles away
in the prairies, where other grandmothers this minute
share their food with strangers,
can root, open, sprout the greening of my
gifts
offered up freely beneath the sun,
to all, of every color and spiritual inclination.

All our origins issue from the same great navel of life,
and I am lucky, I have songs
to give away every day.
I never come empty,
I come bearing gifts that I play on this worn out
guitar
made from crooked branches in the bosque, made from dreams

guitarra
hechos de ramas encorvadas en el bosque, hechos de sueños
que me dio el Río Grande,
hechos del lodo sobre el que me paré y recé en la noche
hechos de breza y conejos y halcones que he visto
y del silencio en el bosque,
yo vengo ofreciéndote el obsequio de mi tristeza,
la arena en mi herida.
Entro y salgo de lesiones
en mi parto constante
para renovar el filo y segar una senda serpenteante,
y continuar por ella,
seguir cuesta arriba, abajo a través del valle
conociendo a extraños por donde vaya y tocándoles una canción,
una canción tan ligera y caprichosa como la falda de mamá tocando y
rebotando contra sus pantorrillas,
apurándose como lo hacen las madres, para atender a sus amores,
sus crías, su cocina, sus formas de amar.

12.

El recodo en donde las ramas se separan
doblando en dos direcciones
siempre las decisiones
que nos hacen vulnerables—
en la tensión de la oposición, te canto mi blues mami,
punteando las cuerdas firmes de mi corazón para remedar mi blues
de mula rebuznante
de amor.

Donde nos encontramos y lloramos, reímos, comemos y dormimos,
donde dudamos y rezamos y nos esperanzamos y perdonamos,
se une y divide en equilibrio aleatorio
apenas adhiriéndose—
su arreglo,
contactos entre nosotros hechos del espíritu
a través de los años.
Una entrega de amor
copiosa, de lluvia realizada

the Rio Grande gave me,
made from mud I stood and prayed on at night
made from brush and rabbits and hawks I've seen
and from the silence in the bosque,
I come offering you the gift of my sadness,
the sand in my wound.
I breathe in and out of injury
in my constant birthing
to renew the edge and cut a winding path,
and keep on it,
keep moving uphill, down through the valley
meeting strangers wherever I go and playing a song for them,
a song as light and whimsical as mother's skirt touching and
bouncing off her calves,
hurrying as mothers do, to attend their loves,
their children, their cooking, their ways of loving.

12.

The crook where branches separate
veering in two directions
always the choices
that make us vulnerable—
in the tension of opposition, I sing my blues to you mama,
twanging my staunch-legged heart-strings to hee-haw my braying-mule blues
of love.

Where we meet and weep, laugh, eat and sleep,
where we doubt and pray and hope and forgive,
unites and divides in random balance
barely clinging—
its arrangement,
spirit-made connections between us
over the years.

A gushing rain-fulfilling giving
of love

alegría cándida para darte
lo que soy
lo que tengo
a punto siempre de partirse y quebrarse a la mitad,
pero trepando mi amor trepando mi amor
al sol . . . ¡sí!

¡sí! ¡sí! ¡sí!
    Aplaudamos,
y cantemos desde el porche de nuestra cabaña y gritemos nuestros nombres al
                                                                        cielo,
sacudiendo nuestros hombros, meciendo nuestras cabezas de acá para allá,
y dejemos
        a la luz del sol devolver la sabia, la hoja, el césped
        a nuestros huesos y pelo y carne
        haciendo fotosíntesis
                en nuestros corazones
                volviéndolos alegría de hojas trémulas.

13.

Esto debe ser un poema de amor para Stacey
algo bello, pero esa palabra, bello
es insuficiente,
        como omitir la sal de las tortillas,
no comunicará lo que tengo en mi corazón—
        un baile-relámpago
transmitiendo nuestras frecuencias de amor
a mariposas, flores, estrellas, planetas,
campos de hierba verde.
    Lo que hacemos detecta
            Dios en el hombre o la mujer común,
lo que hacemos cuando tomamos café es equilibrar,
en nuestras pequeñas conversaciones,
el mundo con infusiones de amor.

    Tu y yo
    atravesamos los días como urracas azules,

open-hearted joy to give to you
who I am
what I have
on the verge of always splitting and breaking in half,
but climbing my love climbing my love
to the sun . . . yeah!

Yeah! Yeah! Yeah!
    Let's clap,
and sing from our cabin porch and call out our names to the sky,
shaking our shoulders, our heads swaying back and forth,
and let
    sunlight re-sage, re-leaf, re-grass
    our bones and hair and flesh
    photosynthesizing
        our hearts into leaf shivering delight.

13.

This is supposed to be a love poem for Stacy
something beautiful, but that word, beautiful
is insufficient,
    like leaving out salt from tortillas,
won't convey what I have in my heart—
    a lightning dance
broadcasting our frequencies of love
to butterflies, flowers, stars, planets,
fields of green grass.
    What we do detects
        God in the common woman and man,
what we do when we have coffee is balance,
in our small conversations,
the world with infusions of love.

    You and I
    move through the days like bluejays,

perturbando a las almas durmientes
    con gritos radicales de amor,
      con aleteos radicales de *muévanse muévanse muévanse*
  y *despiértense despiértense despiértense,*
tanta vida de vivir,
tanto en que dar un paso adelante
cuando estamos despiertos, somos poderosos,
y en cada uno de nosotros los tambores tienen que batirse,
necesitamos mover nuestras almas como nuestras caderas en un baile de botas
dando patadas,
necesitamos enunciar nuestras palabras con himnos al Creador
y silenciar nuestras acusaciones cínicas señaladas con el dedo,
dejar de tomar y comenzar a dar,
dejar de abuchear y llorar con las manos de nuestros hermanos ,
de nuestras hermanas, de nuestros niños
apretados entre las nuestras
    necesitamos ¡DESPERTAR!
Unir nuestras fuerzas humanas y cantar desde los prados
cantar desde los acantilados
cantar en el patio trasero, a los campos, a extensiones anchas de tierra
llenar los espacios vacíos con nuestras voces
    juntando nuestro amor y bajo UN SOLO AMOR,
proclamar que nuestras vidas son nuestras nuevamente,
mantener golpeando los tambores en compromiso extático
    con la verdad,
    con arrojar nuestras mentiras contra las piedras en nuestro patio,
    con abrir los brazos a nuestros niños
    con abrir ancho nuestras manos al cielo
e imperturbablemente, sin vergüenza ni retraso
girar en nuestra propia felicidad que respiremos, que tengamos una oportunidad
de compartir nuestra vida con los demás, que podamos crear
comunidad para cuidar a nuestros enfermos, drogadictos, nuestra gente de
                                 mentalidad
    criminal,
podemos trabajar, podemos enseñar,
traerlos—
    aceptarlos,
    cantar su regreso a nuestras comunidades
    cantar nuestro regreso a nosotros mismos,
unir nuestros huesos en una sola flauta larga
y cantar las canciones-lengua antiguas del amor!

disturbing the sleeping souls
  with radical cries of love,
  with radical wing-flutters of *move move move*
and *wake up wake up wake up,*
so much of life to live,
so much to step forward into
when we are awake, we are powerful,
and in each of us the drums need to be pounded,
we need to move our souls as we do our hips in a boot-kicking dance,
we need to mouth our words with hymns to the Creator
and silence our cynical finger pointing accusations,
quit taking and start giving,
quit jeering and weep with hands clasping our brothers' hands,
our sisters' hands, our children's hands
  we need to WAKE UP!
Join our human forces together and sing from the meadows
sing from the cliffs
sing out the backyard, to the fields, to broad expanses of land
fill the empty spaces with our voices
  bringing our love together and under ONE LOVE,
proclaim our lives our own again,
keep the drums beating in ecstatic commitment
  to truth,
  to dashing our lies against the stones in our yard,
  to opening our arms to our children
  to open wide our hands to the sky
and unabashedly and without shame or delay
whirl in our own happiness that we breathe, that we have a chance
to share our life with others, that we can create
community to care for our infirm, our drug abusers, our criminally minded,
we can work, we can teach,
bring them —
  accept them,
  sing their coming back to our communities
  sing our coming back to ourselves,
join our bones into one long flute
and sing the ancient tongue songs of love!

16.

Corro por el sendero pensando
Cómo tú supones
que puedo ser fácilmente seducido por dinero
     y ni te enteras
cómo disfruto estar solo, en mi pobreza
estoy intentando ser como los campos que observo cuando corro cada día,
siempre abiertos y atractivos y ofreciéndose
a grullas migratorias y gansos canadienses.

Estoy intentando ser tan sereno como las hojas grises descomponiéndose
que piso diario
        cómo anhelo con toda mi alma
        borrar los límites
        entre la hoja del árbol y mi carne.

En Malibú, la semana pasada, la noche y el día enteros,
el mar salpicaba contra mi balcón:
manos viejas de abuela abrazando a mis sueños,
y después a los pedruscos grandes y negros en la playa al amanecer
como si las olas y las rocas
fuesen familiares juntándose para una reunión ansiada.

Mientras el flujo y reflujo llegan previsiblemente,
yo estoy tratando creer nuevamente en el compromiso con
una sola mujer—
      olamujer
        olamujer,
          la palabra como suena arriba
          es como si estuviera
          dando luz a mi hijo
          por el ombligo
          olamujer
          olamujer.
El río me enseña que dentro de
sus límites silvestres hay compromisos—
      he venido aquí para trotar
      durante lluvia, nieve, viento, noches frías y tardes calientes,
      respirando su tierra en mis pulmones
      su verde en mis fosas nasales

16.

I run down the path thinking
how you assume
I can be easily seduced by money
   and little do you know
how I enjoy being alone, in my poverty
I am trying to be like the fields I gaze on my run everyday,
always open and inviting and offering themselves
to migrating cranes and Canada geese.

I am trying to be serene as the gray decomposing leaves
I tread everyday
    how I yearn with all my soul
    to erase the boundaries
    between tree leaf and my flesh.

In Malibu, last week, all night and day,
the ocean splashed up on the balcony:
old grandmother's hands embracing my dreams,
and then the big black boulders on the beach at dawn
as if the waves and rocks
were family members gathering for a long-awaited reunion.

As the ebb and rise arrive predictably,
I am trying to believe in commitment
to one woman again—
   omanagain
    omanagain,
     the word as sounded above
     is as if
     I am giving birth to my child
     through my belly button
     omanagain
     omanagain.
The river teaches me that within
its wild boundaries are commitments—
   I've come here to run
   during rain, snow, wind, cold evenings and hot afternoons,
   breathing its dirt into my lungs
   its green into my nostrils

respirándolo por mis ojos, mis dedos, mis pestañas y pelo,
mis uñas de la mano y del pie, un Dios manifestándome con su aliento
al destino que me aguarda.

No soy como
los escritores que viven en
medias direcciones,
dividiendo sus vidas entre dos trabajos, partiendo sus sueños por la mitad
con horas poseídas por otros,
días vendidos por lo que les complazca a otros,
años dados al mejor postor,
y algunos apretones de manos y palmadas en la espalda sobre el café
en el Mercado de Agricultores.

Quiero honrar y mantener esta voz pequeña que mi río me dio.
Una tarde ventosa el río colocó granos de arena en mi boca y dijo
canta la canción de hormiga,
una mañana encontré flotando en la zanja una pluma de garza ceniza
y el agua de la zanja dijo canta la canción de pluma ceniza,
y una tarde la luz me dio su canción-sol.
El río jamás me enseñó a suponer, sino a mirar,
escuchar, honrar la ruta que viaja —
y, al hacerlo promete que un día mi corazón
será un árbol en su bosque.

19.

para Consuelo

Y esta mañana querido Creador,
bendice a mis hijos, bendíceme a mí, tómame entre tus aguas
y deja que los espíritus del agua
me muestren cómo superar mis obstáculos,
deja que los espíritus del agua
me den sus bendiciones.
Muéstrame como arremolinarme
alrededor de mis obstáculos con tanta gracia.
Si aparecen islas secas y bancos de arena
si experimento periodos secos de creatividad,
si a veces aparece la tristeza

breathing it through my eyes, my fingers, my eye-lashes and hair,
my finger and toenails, a God breathing me forth to its desired end.

        I'm not like
writers who live in
half addresses,
halving their lives between two jobs, halving their dreams
      with hours owned by others,
      days sold for what others might like,
      years gone to the highest bidder,
      and a few handshakes and back-slaps over coffee
      at the Farmers' Market.

      I want to honor and keep this small voice my river gave me.
      One windy afternoon the river placed sand grains in my mouth and
                                    said
      sing the ant song,
      one morning I found a blue heron feather floating in the ditch
      and the ditch water said sing the blue feather song,
      and one afternoon the light gave me its sun-song.
The river never taught me to assume, but to watch,
listen, honor the path it travels—
and doing so it promises that one day my heart
      will be a tree in its forest.

19.

    for Consuelo

And on this morning sweet Creator,
bless my children, bless me, take me into your waters
and let the spirits of the water
show me how to surmount my obstacles,
let the spirits of the water
give me their blessings.
      Show me how to swirl
      around my obstacles with such grace.
      If dry islands and sandbars appear
      if I have dry periods of creativity,
        if sometimes sadness appears

o una herida o dolor y pena,
como los bancos de arena del río,
permite que crezca allí la hierba alta, deja
    que gansos canadienses y patos salvajes y grullas
aniden en mi tristeza.

Te diré esto—
creo en los espíritus, en la noche oriental
que mana por mi ombligo
con una anciana antigua que cose
la existencia con su hilo dorado
a todos los hilos del universo,
a mí a mis antepasados, a mí a esta tierra
y corro con un hilo dorado arrastrándose en mi estela.

Mi plegaria por ti en este día es que
cuando despiertes, hilos dorados te enreden tus pies,
que hilos de oro te enreden las manos,
cuando camines a un lugar que te hará daño,
cuando alcances algo que oscurecerá tu corazón,
    permite que hilos dorados te enreden
    y sigue el hilo de vuelta al propósito de tu alma.

Al sur, el ciervo sagrado
alerta, anda en la oscuridad.
La oscuridad debemos aprender a amar
como la mano de una madre en una tarde helada
mientras nos guía por calles jamás vistas—
    senderos extranjeros
    nos llamarán,
    y eso es bueno
    pero debemos que aprender a confiar en nuestros sentidos
    nuestros oídos, nuestros ojos
    aprender a dejar a la oscuridad moldear, curar, reformar el modo en que
                    escuchamos,
    enseñarnos a pisar ligeramente, a ser cautelosos cuando sea necesario,
    entonces, déjanos caminar en el bosque por la noche
    y cantar nuestro amor susurrado a la luna y los árboles.

Al sur, nuestros Antepasados
se ríen de nuestros errores. Pero no se burlan de nosotros,
nos quieren, están con nosotros, a cada paso del rumbo.

> or hurt or pain and grief,
> like the river's sandbars,
> let tall river grass grow there, let
> > Canada geese and mallards and cranes
> > nest in my sadness.

I'll tell you this—
I believe in the Spirits, in the eastern Night
that streams through my bellybutton
with an ancient woman who sews
existence with her golden thread
to all threads in the universe,
me to my ancestors, me to this earth
and I run with a golden thread trailing in my wake.

My prayer for you on this day is that
when you wake, golden threads may entangle your feet,
may golden threads tangle up your hands,
when you walk to a place that will harm you,
when you reach for something that will darken your heart,
> let golden threads entangle you
> and follow the thread back to your soul's purpose.

To the south, the Sacred Deer
vigilant, walks in the dark.
The darkness we must learn to love
as a mother's hand on a cold evening
as she leads us through streets we have never seen—
> foreign pathways
> will call us,
> and that is good
> but we must learn to trust our senses
> our ears, our eyes
> learn to let darkness mold, heal, reshape the way we listen,
> teach as to walk lightly, to be wary when necessary,
> then, let us walk in the forest at night
> > and sing our whispered love to the moon and trees.

To the south, our Ancestors
laugh at our mistakes. But they do not mock us,
they love us, are here with us, every step of the way.
I see them near,

Los veo cerca,
y les rezo, pido que

> manden este mensaje de súplica humilde
> a mi amor, cuéntenle la noticia de mi amor por ella—

los antepasados son buenos para llevar mensajes de amor a mi amada.
Entonces me paro con cara al sur y grito mi amor por ella.
Les digo: *me conocen, les agradezco humildemente por cuidarme,*
gracias por guardarme,
y no es mi intención molestarles con mis lloriqueos, deseos quejumbrosos
pero yo soy yo, debo decir que la amo, debo decir que quiero estar con ella,
debo comunicarles, pedirles, por favor, que lleven este mensaje de amor
al Creador, para que Él se lo haga llegar.
Me hinco en honor de ustedes mis Antepasados. Me hinco,
y ahora les ofrezco estas pacanas peladas.

Después el gran Oso al norte—
Te puedo pedir con corazón y espíritu abiertos
aceptar mi oración esta mañana,
por favor, bendíceme con tu fuerza,
con tu coraje, tu honestidad, tus ojos,
que me envíes desde tu espíritu al mío
un trocito de cada uno, para que yo también camine y respire
con estos regalos que me ofreces.

Estas oraciones ofrezco al mundo, al cielo y a la Madre Tierra,
cielo y tierra, madre y padre
que siempre me han sostenido en su abrazo y me han protegido,
siempre me amaron y escucharon y alimentaron.

Soy néctar de flor para el pico azul del día—
perfora mi corazón y chupa de allí la dulce miel.
Soy un pez temeroso de sombras y agitaciones,
un pez girando con frenesí en el agua de la música del Creador,
bailando en el agua del fluir del Creador,
en los ritmos del Creador, en el rasguear de energía del Creador
en el amor del Creador que brilla cada una de mis escamas . . .

> Sácame del agua del Creador,
> me atraganto con los anzuelos de mentiras y traiciones,
> que me dejan muriendo,
> jadeando, mis ojos muertos
> jalea de mora derritiéndose.

and I pray to them, ask them to
> Send this message of humble pleading
> to my love, tell her the news of my love for her—

ancestors are good for carrying out love messages to my beloved.
So I stand facing south and call out my love for her.
I tell them: *you know me, I thank you humbly for caring for me,*
thank you for watching over me,
> *and I mean not to trouble you with my snifflings, whining wishes*
> *but I am me, I must say I love her, I must say I want to be with her,*
> *I must convey to you, ask you, please, carry this message of love*
> *to the Creator that He may send it on to her.*

I bow in honor of you my Ancestors. I bow,
and now offer these shelled pecan nuts for you.

Then the great Bear to the north—
May I ask you with open heart and open spirit
to accept my prayer this morning,
please bless me with your strength,
with your courage, your honesty, your eyes,
may you send me from your spirit to my spirit
a morsel of each, that I too may walk and breathe
with these gifts you offer me.

These prayers I offer to the world, to the sky and Mother Earth,
sky and earth, mother and father
who have always held me in their embrace and protected me,
always loved and listened and nourished me.

I am flower-nectar for the blue beak of day—
pierce my heart and suck from it the sweet honey.
I am a fish afraid of shadows and stirrings,
a fish whirling madly in the water of the Creator's music,
dancing in the water of the Creator's flowing,
in the Creator's rhythms, in the Creator's strumming of energy
in the Creator's love that shimmers every scale of me . . .

> Take me out of the Creator's water,
> I gag on the fishhooks of lies and betrayals,
> that leave me dying,
> gasping, my dead eyes
> blackberry jelly melting.

22.

Cuervos negros descienden sobre los álamos sin hojas
a lo largo del bosque
portando augurios.
Incluso a los hombres tristes
se les dan secretos para poder sobrevivir la soledad de cada día.
Los cuervos me ven corriendo por este sendero cada tercer día
con un amor furioso en mi corazón
para aplaudir, patear y gritar
a los cielos, la tierra, las aguas, los árboles.

Hace un mes estaba trotando a lo largo de la playa en Venice,
oscuridad, no podía ver el mar sólo lo escuchaba
jadear por respirar su pasión,
mientras la luz en el horizonte
paría su primer flor, y salió.

Quería arrancar pescados al mar con los dientes y comer,
pero en la oscuridad, corría,
corría, como la lamentación de una viuda, corría, esperando una señal
un rastro, alguna evidencia que pudiera llevar conmigo
que me diera esperanza mientras crecía la luz,
       acurrucado en mi sudadera encapuchada y negra
       mis piernas fuertes llevándome sobre la arena, saltando
       sobre ensenadas,
              examinando arena, espuma, alga marina
              playa regada de conchas rotas inútiles
vi lo que parecía ser una concha grande y perfecta.
       Paré, me arrodillé, después de que la marea menguante
       se había replegado,
       traté de alcanzar la concha,
sorprendido de que fuese la huella de un bebé—
         la huella de bebé mejor que una concha.
Y mientras la luz se repartía sobre el mar, ví una isla
en el mar donde docenas de gaviotas se reunían
            clamando mi tesoro
            como si mi descubrimiento de una huella
          fuera un regalo de ellas,
          para meterme en el día
          como un niño dando su primer paso . . .

22.

Black crows descend on the leafless cottonwood
along the bosque
bearing omens.
Even sad men
are given secrets to survive each day's loneliness.
The crows see me running along this path every other day
with a furious love in my heart
to clap, stamp and cry out
to the skies, the earth, the waters, the trees.

A month ago I was running along the beach in Venice,
dark, I couldn't see the ocean just hear
it gasping to breathe its passion,
as light at the horizon
birthed its first blossoming, and rose.

I wanted to wrench fish with my teeth from the sea and eat,
but in the dark, I ran,
I ran, like a widow's grieving wail, I ran, hoping for a sign
a trace, some evidence I could take with me
that would give me hope and as the light grew,
        snuggled in my black hooded sweatshirt
        my strong legs carrying me over the sand, leaping
        across inlet water channels,
            searching sand, foam, seaweed
           beach cluttered with useless broken shells,
I saw what looked like a large perfect seashell.
        I stopped, knelt down, after the ebb tide
        had slacked back,
        I reached for the sea shell,
surprised it was an infant's footprint—
           the infant's footprint better than a seashell.
And as light spread over the ocean, I saw an island
out in the ocean where hordes of seagulls gathered
           clamoring at my treasure,
          as if my discovery of a footprint
     was a gift from them,
     to step into the day
     as a child again stepping for the first time . . .

31.

Salir a las 5:30 en la oscuridad brillante
sentir mi piel animal nuevamente,
estar presente para mi propia actuación,
reorganizándome lentamente durante los días y las noches
meses y días, espectros de mi sueño futuro
como niebla rondando lámparas marítimas en el muelle.

Camino, mirando hacia el mar,
           en mi chaqueta negra de marinero, con el cuello doblado,
           mi gorra puesta,
           jeans y camiseta,
             no me he preocupado mucho por los valores
             de este mundo.
                 Escupo hacia el alta mar.

Salir en la noche
extender mi voz como nieve invernal, mis palabras como escarcha reluciente
cubriendo todo, y en el campo, en la distancia, un hombre solitario
se acerca a mí —
           un hombre que se levanta temprano para caminar en el alba oscura
           pensar profundamente que un día se convertirá en polvo
y no puede superar las contradicciones
que vienen con ser humano —
           ¿cómo es posible que seamos capaces de soñar
           tanto amor hasta hacerlo realidad,
cuando a fin de cuentas la gran escenografía de nuestro romance
       hierve a fuego lento ignominiosamente en el cenicero de nuestras
                                traiciones?

Yo soy uno de esos hombres que se levanta al alba.
No hablo, estoy aprendiendo a buscar en silencio
           dentro de mí
           a aceptar las infracciones que he cometido,
y al hacerlo, a veces el sol es un sol negro
a veces no hay esperanza para continuar
a veces me pregunto de qué sirven mis manos —
           y entonces me encuentro en la cocina de una mujer
           y su niño se lanza encima de la silla

31.

To step out at 5:30 into the sparkling dark
feel my skin animal again,
be present for my own appearance,
gathering myself slowly over the days and nights
months and days, ghosts of my dream to be
like fog around seaport lamps on the dock.

I walk, looking out to sea,
        in my black navy coat, collar turned up,
        my beanie cap on,
        jeans and T-shirt,
           I haven't cared much about the values
           of this world.
                I spit out to sea.
To step out into the night
have my voice spread out as a winter snow, my words gleaming frost
on everything, and in the field, faraway, a lone man
walks toward me —
        a man who rises early to walk in the dark dawn
          think deeply that one day he'll become dust
and can't overcome the contradictions
that come with being human —
        how it is possible that we're capable of dreaming
        such love into existence,
when ultimately the grand display of all our romance
      simmers ignominiously in the ash pit of our betrayals?

I am one of those men who rise at dawn.
I don't talk, I'm learning to seek silence
        in myself
        to accept the violations I've committed,
and doing so, sometimes the sun is a black sun
sometimes there is no hope to continue
sometimes I wonder what my hands are good for —
        and then I find myself in a woman's kitchen
        and her child leaps up on the chair
        and wants to bake cookies with me —
        my love for life and people returns that instant,

y quiere hornear galletas conmigo—
mi amor por la vida y las personas regresa en ese instante
y quiero reprometerme a mí mismo todas mis promesas,
recontar todas mis virtudes,
ir tocando cada puerta por la calle
despertando a la gente para que salguen y bailen en la calle de nuevo—
vengan, lleven su incienso, velas, canciones,
quiero que nos metamos las cabezas en los pechos de los demás
con alegría, y en el baile
desahogar nuestras penas en el aire, desparramarlas por
nuestros talones, estrellarlas en nuestros aplausos.

Estoy harto del mundo poniendo reparos
a los que no obedecen sus criterios ridículos,
harto de estos consejeros con mejillas como tartas,
sesiones de terapia por la tele, y consejos de famosos
y yo quiero ser
un perro cualquiera
en cualquier jardín
sentado en cuclillas sobre el pasto
cagando.

37.

Cuando estaba roto mi corazón
consultaba a mis colegas los álamos,
cuando quería salir a las calles de noche
y maldecir a cada idiota con tarjeta de crédito,
festejar el año nuevo con la rabia de los encarcelados, de los
drogadictos y borrachos,
llevar la bronca a las puertas de los racistas
y hacer que se ahoguen en su propia sangre
mientras los clavo en la tierra como estacas de carpa,
entonces busqué los consejos de los patos salvajes,
ni la menor idea para conectarlos con la humanidad de
las barbies de estación de esquí, que se divierten
mirando películas porno en el hotel, cantando mantras de yoga,
y todo este dinero, seguridad, y el ¿qué
dirán?,

and I want to re-promise myself all my promises again,
recount all my virtues,
go knocking on every door down the street
rousing people to step out and dance in the street again —
       come, bring your incense, candles, songs,
               I want us to bury our heads in each other's breasts
               with joy, and in the dance
       release our sorrows to the air, scatter them off
       our heels, shatter them in our clapping.

I'm tired of the world finding fault
in those who don't abide by their ridiculous standards,
tired of those pie-cheek counselors,
       tv-therapy sessions, and celebrity advice
           and I want to be
           an ordinary dog
           in any front yard
           squatting on the grass
           taking a shit.

37.

       When my heart was broken
       I conferred with colleagues of cottonwoods,
       when I wanted to go into the streets at night
       and curse out of every credit-card carrying fool,
       ring in the New Year with rage of the imprisoned, of the addicts
                                    and drunks,
       take it down to the racists' doorsteps
       and make them choke on their own blood
       as I beat them down like tent stakes in the ground,
       then I sought advice from the mallards,
       not a clue to connect them to the humanity
       ski-resort bunnies, who get their kicks
       from hotel porno flicks, chanting yoga mantras,
       and all that money, security, and what
                    others think,
       and when I desperately needed to scream, to get away from this
                                world

y cuando necesitaba desesperadamente aullar, salirme de este
mundo

para aliviar a mi tristeza
llanto, depresión y soledad,
no hojeo las páginas de la biblia
si no voy a la orilla del río a oír la voz de Dios,
rezar, pedir perdón por mis desvaríos,
leyendo poemas de Thomas Merton,
volteo a los cuatro puntos cardinales
y pido a los poderes,
a las energías sagradas,
a las feroces fuerzas que me han creado
háganme humilde: *Por favor permitan una brizna de luz*
enga piedad de este hombre que tropieza tan fácilmente,
deshace todo lo bueno que ha hecho
que a veces todo le vale madre,
que siempre queda ciego por toda la belleza que hay aquí,
que agradece al Creador el regalo de la vida, de la respiración
del amor, de los amigos, del trabajo, de la lucha—
y entonces de repente,
mientras camino por el sendero del bosque,
justo sobre mi una V de gansos canadienses vuela hacia el norte,
tres bandadas de patos salvajes salen volando de la zanja-matriz
caballos galopan en los campos,
mirándome, una ardilla se aferra a la corteza de un árbol
un pájaro carpintero martillea con su pico muy alto en el árbol,
y rodeado de bosques densos no puedo ver el río
pero escucho en sus orillas centenas de aves
trinando sin cesar, y luego se elevan
como la entrada de un rey al balcón frente al público
para pronunciar su discurso a las muchedumbres debajo,
pasan por encima,
y yo paro, escucho, los alabo, los obedezco.

to alleviate my sadness
sorrow, depression and loneliness,
I don't flush through pages of the bible
but go to the river's edge to hear God's voice,
pray, ask forgiveness for my stupid ways,
reading Thomas Merton poems,
I turn to the four directions
and ask the powers,
the sacred energies,
the fierce forces that have created me
humble me: *Please allow a wisp of light*
have mercy on this man who stumbles so easily,
erases all the good he's done
who sometimes could care less,
who always is blinded by so much beauty here,
who thanks the Creator for the gift of life, of breath
of love, of friends, of work, of struggle —
and then suddenly,
as I am walking down the forest trail,
just above me a V of Canada geese flies north,
three sets of mallards fly out of the mother ditch,
horses gallop in the fields,
a squirrel clings to the bark of a tree watching me,
a woodpecker hammers his beak in the tree high above,
and surrounded in thick forests, I cannot see the river
but hear on its banks hundreds of birds
chattering away, and then they rise
like a king's entrance on the balcony to the public
to give his speech to the hordes below,
they pass overhead,
and I stop, listen, praise them, obey them.

POEMAS DE PRIMAVERA EN LA RIBERA
DEL RÍO GRANDE

SPRING POEMS ALONG THE RIO GRANDE

(2007)

El corazón afila su machete

Este invierno ha sido templado, la nieve
se había derretido para el mediodía
ninguna ráfaga fuerte volcó olmos o tronchó álamos—
      ellas pasaron
      como si estuviese en un tren mirándolas
      desde la ventana, viajando rápidamente—
todos a mi alrededor hablando una lengua extranjera,
      viajando
          lejos de lo que está roto
              dejando paisajes de guerra,
              gente muriéndose de hambre,
refugiados haciéndonos señas con las manos pidiendo ayuda,
              hogares en los que alguna vez amaron y durmieron y
                              comieron
          bombardeados hasta convertirse en escombros.

El corazón afila su machete,
alza mil machetes
en las calles, cada uno
abriendo una trocha a través de la historia de mentiras
sostenidas por la ley,
por sacerdotes,
por maestros,
por comerciales de televisión, bancos y ejecutivos de préstamo.
      Te digo,
no ha sido un invierno duro, el frío
no rajó las ramas, no partió los troncos,
hubo más frío, mas hielo y escarcha
entre amantes que en el paisaje,
      más desconfianza, más sospecha,
      más cadenas de prisionero arrastran esta mañana
      que nunca antes—
junto al río oigo el llanto desgarrador
de niños palestinos,
      y yo sé que éste poema
      no puede irrigar democracia con su sangre,
      no puede curar a los heridos en Afganistán o Irak,
      la voz suave de este poema no ahoga la locura,

The Heart Sharpens Its Machete

This winter has been a mild one, snow
melted away by noon
no heavy gusts toppled elms or cracked cottonwoods—
        they passed by
        as if I were in a train watching
        them from the window, rushing through—
everyone around me speaking a foreign language,
        traveling
            away from what is broken
              leaving landscapes of war,
              people starving,
refugees waving for us to help them,
            homes they once loved in and slept and ate in
            bombed to rubble.

The heart sharpens its blade,
raises a thousand machetes
in the streets, each
cutting a path through the history of lies
upheld by the law,
by priests,
by teachers,
by TV commercials, banks and loan officers.
        I tell you,
it has not been a hard winter, the cold
didn't crack the boughs, didn't split the trunks,
there was more cold, more ice and frost
between lovers than on the landscape,
        more mistrust, more suspicion,
        more prisoner chains drag this morning
        than ever before—
by the river I hear the excruciating cries
of Palestinian children,
        and I know this poem
        can't irrigate democracy with its blood,
        can't heal the wounded in Afghanistan or Iraq,
        this poem's soft voice does not drown out patriotic madness,
        nor abate our lust for blood—

ni amaina nuestra lujuria por la sangre—
susurra desde ésta esquina del bosque
en Nuevo México,
susurra por la paz.

No, este año no fue un invierno malo a lo largo del Río Grande,
pero más allá del bosque
una severa helada afligió a millones de almas.

Agradece al río por un día más

Termino mi carrera de cinco millas,
me demoro en la ribera
y agradezco al río por otro día—
por mi salud, por estar vivo,
rezo al espíritu del río,
que me ofrezca su amor
al acarrear agua al Golfo,
cuesta abajo desde los nacimientos en Gila—
llévate, yo rezo en voz alta al agua,
mi amor,
espíritu del río,
mientras ceno en las montañas
en un campamento,
desagua tu corriente en los canales de mis huesos
aloja hasta mi médula
el que me amas.

Necesito fe.

Enséñame ceremonia para purificarme,
saca las traiciones con llanto,
quítame los engaños lavándome.

Camino de regreso a mi departamento,
el crepúsculo alarga las sombras de los árboles
a través de un ancho campo verde
donde trabajadores migrantes

it whispers from this corner of the bosque
                              in New Mexico,
        whispers for peace.

No, it was not a bad winter this year along the Rio Grande,
but beyond the bosque
                severe freezing struck the souls of millions.

Thank the River for Another Day

I finish my five-mile run,
linger on the bank
and thank the river for another day—
                        for my health, for being alive,
                        pray to the spirit of the river,
                        offer its love to me
                as it carries water to the Gulf,
                down from the Gila headwaters—
                carry, I pray out loud to the water,
                        my love,
        River Spirit,
        as I eat supper in the mountains
        in a camp,
        run your current into my bone canals
                lodge in me marrow-deep
                that you love me.

I need faith.

        Teach me ceremony to purify myself,
        weep betrayals out,
        wash my deceptions from me.

Walking back to my apartment,
twilight stretches out tree shadows
across a broad green field
where migrants

apilan cajas de camioneta hasta lo alto
a la hora de terminar,
la enfardadora en medio del campo,
fardos de alfalfa sobrantes colocados de punta a punta para mañana.
Doy un último vistazo hacia atrás,
noto cómo los álamos
rumian más intensamente con el atardecer.

Pongo la suave pluma pectoral que me encontré en el río
en la maceta junto con las demás —
la pluma pectoral de un halcón bisoño,
su corazón roca-nombre experimentando el gozo
de aprender lo que son alas y la magia del agua.

Dos ciruelos

En la mañana paso cerca de
dos ciruelos
uno con pétalos rosados
el otro con amarillos,
pequeñas señales
de que la primavera está aquí.
Un gran incendio forestal en Ruidoso, 10,000 acres quemados
y los dos ciruelos sin fruta
meditan sus hermosas suertes
como estaban destinados a hacerlo.

En la tarde, abordo un avión a Virginia,
segundo en la fila para despegar
cuando una avioneta se estrella en la pista y nos retrasan
hasta que el metal torcido
es barrido del asfalto.

Horas más tarde despegamos.

Un arquitecto de Seattle junto a mí
me cuenta que está construyendo una mansión jeffersoniana
en Santa Fe,

stack truckbeds high
at quitting time,
the baling-machine in the middle of the field,
left-over alfalfa bales spaced end to end for tomorrow.
        I give one last look behind,
        notice how cottonwoods
           brood darker with sunset.

I place the downy breast feather I found at the river
in the plant pot with the rest—
       a fledgling hawk's breast feather,
        its name-stone heart experiencing the joy
        of learning what wings are and the magic of water.

Two Plum Trees

In the morning I pass
two plum trees
one with pink petals
the other-yellow,
        little signs
          that Spring is here.
     A big forest fire in Ruidoso, 10,000 acres burned
and the two fruitless plum trees
meditate their beautiful fates
        as they were meant to.

In the afternoon, I board a plane for Virginia,
second in line for take off
when a small plane crashes on the runway and we're delayed
      until the gnarled metal
      is swept off the runway tarmac.

      Hours later we take off.

A Seattle architect next to me
tells me he's building a Jeffersonian mansion
     in Santa Fe,

él describe en detalle el teatro de cinco mil pies cuadrados
hasta que aterrizamos para abastecer de combustible en San Luis.
Le quiero preguntar si alguna vez ha creado
ciruelos sin fruta
con flores rosadas y amarillas
que cuidan corazones huérfanos entre sus ramas solteronas—
cada pétalo una obra maestra de compasión,
desdoblando su historia fragante de nuevos inicios cada mañana.

Llegando a Washington D.C., recogido por Edmond y Vivek a la 1:00 a.m.,
llegamos a Charlottesville, a las 4:00 a.m.,
y unas horas más tarde estoy dando una clase en un taller de posgrado,
preguntándome cómo estarán mis ciruelos sin fruta—
¿Sienten ellos al aire vibrar con mi voz
cuando los uso como metáforas?

Me abro camino a la prisión local
donde hombres no tienen permiso de tener lápiz y papel,
y grito a través de las celdas de acero macizo y Plexiglás de seguridad blindado
cómo los ciruelos celebran la soledad de sus almas.

Esa tarde doy una charla a cientos en el auditorio universitario,
nosotros tenemos la obligación de preocuparnos por los prisioneros,
de hacer algo respecto a la injusticia—
y luego, Vivek, Edmond y yo conducimos de regreso
dos horas y media a Washington D.C.;
hago escala en Dallas / Fort Worth
y luego llegamos en Albuquerque a las 11:00 a.m.
y de vuelta a mi departamento,
donde saludo a los dos ciruelos,
y aspiro su benevolencia hacia el mundo.

Una honestidad verde en cada hoja

El bosque del Río Grande
no miente—cuando está listo para mostrar afecto
lo hace—hay una honestidad verde en cada hoja,
humildad en cada brizna de hierba,

he describes the five thousand foot theater in detail
until we land to refuel in St. Louis.
I want to ask if he's ever created
fruitless plum trees
with pink and yellow blossoms
            that nurse orphan hearts in their spinster branches—
            each petal a masterpiece of compassion,
            unfolding its fragrant story of new beginnings each morning.

Arriving in D.C., picked up by Edmond and Vivek at 1:00 a.m.,
we arrive in Charlottesville, at 4:00 a.m.,
and a few hours later I'm lecturing a graduate workshop,
wondering how my fruitless plum trees are doing—
do they sense the air vibrate with my voice
when I use them as metaphors?

            I make my way to the local prison
where men are not allowed to have paper or pencil,
and I shout through the solid steel cells and bulletproof security Plexiglas
how plum trees celebrate the loneliness of their souls.

That evening I give a talk to hundreds in the university auditorium,
we have an obligation to care about prisoners,
to do something about the injustice—
and later, Vivek, Edmond and I drive back
two and a half hours to D.C.;
I stop over in Dallas / Fort Worth
and then into Albuquerque at 11:00 a.m.
and back to my apartment,
            where I greet the two plum trees,
            and inhale their kindness to the world.

A Green Honesty in Every Leaf

The Rio Grande bosque
doesn't lie—when it's ready to show affection
it does—there is a green honesty in every leaf,
humility in each blade of grass,

descaradamente derriba las barreras del invierno
y asalta el aire como ejércitos benévolos
luchando por la belleza,
      colorea y perfuma la tierra verde
      con armas olorosas y benignas.
Me uno con ellos hoy,
capturando brazadas de salvia al lado del río.

ChicaIndio

Los ojos castaños, el pelo negro
el alma profanada cuando niño,
aprendí a violarme como hombre,
cogiendo para soportar la pérdida,
reducir el dolor de mi ser fragmentado
para desligarme,
reprimir mis inseguridades —
      paralizado por el pánico,
      incapaz de confiar,
      tachando al amor de psicosis,
      temiendo al compromiso,
mi corazón naufrago
             en un petrolero de engaños árticos.
Me traicioné de nuevo
      en la cama contigo
      en Jackson Hole, Wyoming,
        mi caja torácica
        la plataforma de un verdugo,
        cuerpos linchados
              meciéndose de ella
              tronando su hechizo mortal
              entre nosotros,
las palabras *te amo*
gusanos de cadáver meneándose debajo de mi lengua.

brashly breaks down winter's barriers
and assaults the air like benevolent armies
warring for beauty,
>   colors and scents the green land
>   with odorous, benign weapons.
I join them today,
capturing armfuls of sage by the river.

ChicaIndio

Brown-eyed, black-haired
spirit violated as a boy,
I learned to violate myself as a man,
fucking to cope with loss,
reduce the ache of my fragmented self
to disassociate,
repress my insecurities—
>   paralyzed by panic,
>   unable to trust,
>   labeling love a psychosis,
>   fearing commitment,
my heart bellied up
>   in an oil spill of arctic deceptions.
I betrayed myself again
>   in bed with you
>   at Jackson Hole, Wyoming,
>   my rib cage
>   a hangman's platform,
>   lynched bodies
>   swayed from,
>   clacking their death spell
>   between us,
the words *I love you*
corpse worms wriggling beneath my tongue.

Cantan y bailan alrededor de ti

Dormías en el brazo de tu sillón,
un niño de otro mundo soñando con olas risueñas,
con el sol de Nuevo México,
con mujeres desvariantes en una tribu onírica, cantando en un trance hipnotiza-
das
meneándose como una bandada de loros amarillos
meciéndose y azotando por el aire como una canción de plumas
      y cuando te despertaste de tu sueño
      guitarras y pianos lloraban en tus ojos
      buscando notas
      para expresar tu alegría de estar vivo,
      notas de música para levantarte de repente
en esa oficina, y con todos nosotros sosteniendo un guión de cine
y leyéndolo;
yo sabía que tú querías levantar las piernas, y quitarte los zapatos a patadas,
ser las notas mientras los gestos de tu cuerpo
se volvían palabras contándonos a todos en la pequeña oficina
      que la vida es para bailar, para disfrutar,
y te miré mientras despertabas de tu sueño
y entonces fue cuando vi loros amarillos
revolotear desde tu cintura y tobillos
      cuando vi al guitarrista en tus ojos rasguear las cuerdas
      cuando vi a la pianista sentarse en su banco
y tocar esos acordes cariñosos
que nos azotaron de pies a cabeza, como una fresca brisa en
      una de esas tardes en Echo Park cuando la brisa
      mueve ligeramente las hojas de palmera,
      cuando cierran los cafés,
      cuando la dama China empuja su carro de compras lleno de verduras hacia
                      la casa
cuando los Pachucos sacan brillo a los rayos de sus ruedas
cuando los murales chicanos de historia tribal representando Mayas
              y aztecas y mexicanos
      se despegan de las murallas y se inflan
      y bailan en las calles,
emplumados, llevando cinturones de concha de caracol,
tocando tambores, pintados, sosteniendo antorchas, en taparrabos
muñequeras y collares de abalorios,

Sing and Dance Around You

You slept on the armrest of your chair,
a child from another world dreaming of laughing waves,
New Mexico sunshine,
of wildly insane women in a dream tribe, singing in a hypnotized daze
shaking themselves like a flock of big yellow parrots
swaying and sweeping through the air like a song of feathers
      and when you awoke from your dream
      guitars and pianos wept in your eyes
      searching for notes
      to express your joy at being alive,
      notes of music you could suddenly rise to
in that office, and with all of us holding a movie script
and reading it;
I knew you wanted to raise your legs, and kick off your shoes,
be the notes as your body gestures
become words telling us all in the small office
      that life is to dance to, to enjoy,
and I looked at you awakening from your sleep
and that was when I saw yellow parrots
flutter from your waist and ankles
    when I saw the guitar player in your eyes strum the strings
    when I saw the piano player sit at her bench
and finger those loving chords
that swept over all of us, like a cool breeze in
    one of those Echo Park evenings when the breeze
    slightly moves the palm fronds,
    when the coffee shops close,
    when the Chinese lady pushes her basket cart of vegetables toward home
    when the Low-Riders polish their chrome wheel spokes
    when the Chicano murals of tribal histories depicting Mayans
                    and Aztecas and Mexicans
    peel themselves off the walls and inflate themselves
    and dance in the streets,
feathered, wearing conch shell belts,
beating drums, painted up, carrying torches, in loin cloths
wrists and necklace beads,
    sing and dance around you,
    sing and dance around you,

cantan y bailan alrededor de ti
cantan y bailan alrededor de ti
cuyo corazón late cósmicamente una reconocimiento
        sereno del movimiento hacia adelante.

Poetas paganos

De regreso de Wyoming.
voy al río,
        vuelvo
        a la mañana helada cobriza
        en silencio jade,
        saludo al nuevo día
        como los brazos corpulentos extendidos de un amante.

Lo que miro afuera se refleja en mí,
lo que susurra el río yo oigo decir de mí,
lo que la luna desea lo desea por mí,
y la brisa en el pasto del río se une conmigo,
        entonces el amor que tengo
es un río viejo
fluyendo de su origen en la montaña
        a su hogar en el mar.

Hace un año,
no le creí al río
y en su lugar regresé a tomar consejos
de los genios de café-bar,
        espuma de café moca en sus labios,
        musas con mejillas de durazno
        con curas garabateadas en servilletas
        echados en mesas con bancos corridos
        sorbiendo ruidosamente exprés cuádruples
        con leche —
conocidos de pueblo
que después de todas sus soluciones sentimentales
eventualmente olvidan sus teorías de Warhol y Kahlo
y se casan con fanáticos

whose heart beats cosmically a serene
acceptance of moving forward.

Pagan Poets

Back from Wyoming,
I go to the river,

        return
        to the chill coppery morning
        in jade silence,
        meet the new day
        like a lover's outstretched stout arms.

What I see outside is reflected in me,
what the river whispers I hear it say of me,
what the moon wishes it wishes for me,
and the breeze in the river grass merges with me,
        so the love I have
is an old river
flowing from its mountain source
        to its ocean home.

A year ago,
I didn't believe the river
and instead returned to take advice
from coffee-bar geniuses,
        Mocha foam on their lips,
        peach-cheeked muses
        with napkin scribbled cures
        slouched in booths slurping quad-lattes —
hick town acquaintances
who after all their slushy solutions
eventually forget their Warhol and Kahlo theories
and marry zealots
on a mission to convert pagan poets.

fervientes por convertir poetas paganos.

Este día

Me siento ridículo,
    como esos petirrojos tontos saltando en las ramas de la zanja
    cuando los paso trotando.
       Esos petirrojos no tienen el gran estilo del halcón cola roja,
      ni diseño, ni sueño, sólo petirrojos haciendo el tonto.
Nunca han fumado cigarrillos, tomado whisky, consumido drogas como yo.
     En su revoloteo
    sin sentido
    lleno de tonterías,
       me dicen cómo
           aman al Gran Espíritu,
     me regañan para que no sea tan autocompasivo,
     para que abra mi vida
     y haga de este día una rama en un árbol
     inclinándose sobre la eternidad, donde la eternidad fluye hacia delante
     y con día el río corre
           llevándose todo lo que cae en él.
    Sé feliz, Jimmy, trinan,
    Jimmy, sé tonto, haz de este día un árbol
    inclinándose sobre la eternidad-río
    y solázate en sus ramas.

El amor de un poeta

Dos hombres dentro de mí,
       en el humo
       merodea un hombre temeroso
       que se hace llamar por otro nombre, que tiene otra alma
       con otra mente —
       lo que siento él niega,

This Day

I feel foolish,
 like those silly robins jumping on the ditch boughs
 when I run by them.
  Those robins do not have the grand style of the red-tailed hawk,
  no design, no dream, just robins acting stupid.
They've never smoked cigarettes, drank whiskey, consumed drugs
as I have.
  In their mindless
  fluttering about
  filled with nonsense,
   they tell me how they
    love the Great Spirit,
  scold me not to be self-pitying,
  to open my life
  and make this day a bough on a tree
  leaning over eternity, where eternity flows forward
  and with day the river runs
   carrying all that falls in it.
  Be happy Jimmy, they chirp,
  Jimmy, be silly, make this day a tree
  leaning over the river eternity
  and fuss about in its branches.

A Poet's Love

Two men in me,
   in the smoke
   prowls a fearful man
   who goes by another name, has another soul
   with another mind—
   what I feel he denies,
   what I dream he undreams,
   what I hope he despairs,
   and what I love he despises—
split

lo que sueño él desensueña,
en lo que yo espero él desespera,
y lo que amo él desprecia—
dividido
cada curación que yo experimento
él infecta con una adicción,
me atormenta con miedos,
me ama íntimamente luego me rechaza,
seguro de mi amor, luego desorientado,
yo lo quiero, él lo resiste,
suspendido entre compromiso y promiscuidad.

Yo necesito al río,
necesito correr junto al agua,
me tuerce y me trenza
           en lo oscuro de plumas negras de cuervo,
             donde yo escucho a las piedras hablar de nuestros
                        espíritus inseparables.

Yo necesito estar junto al río
donde puedo soñar que estoy
a cientos de millas de ahí
cargando mi mochila,
          subiendo sendas de salvia
          a través de pendientes pedregosos
          de botas,
          cachucha verde, pantalones beige, camiseta azul deportiva y
                        suétero.

Mi amor por el río está arraigado en lo caído y lo transformado.

Las estaciones sobreviven
bajo piel de hoja
donde capullo mis recuerdos,
y soy liberado hecho mariposa nocturna
en la tarde
          para flotar por un vid de madreselva tendida a lo largo de los árboles del río.

El río y yo nos vemos a través de la piel,
detrás de los ojos en los túneles de agua-hueso y médula torrente
          hacia adentro de un cielo aún más ancho que el nuestro

every healing I experience
he infects with an addiction,
torments me with fears,
intimately loves then rejects me,
certain of my love, then disorientated,
I want it, he resists it,
suspended between commitment and promiscuity.

I need the river,
I need to run by the water,
it bends and blends me
            into the darkness of black crow feathers,
            where I listen to stones speak of our inseparable spirits.

I need to be by the river
where I can dream of being
hundreds of miles away,
toting my rucksack,
        hiking sage trails,
        across rocky slopes
        in boots,
        green cap, beige pants, blue sports t-top and red pullover.

My love for the river is rooted in what's fallen and what's transformed.

Seasons survive
beneath leaf-skin
where I cocoon my memories,
and am released a moth
in the afternoon
      to float by a honeysuckle vine strung along the river trees.

The river and I see through each other's skin,
behind the eyes into the tunnels of water-bone and rushing marrow
        into an even wider sky than ours
        a larger earth than where I run,
        a broader river than where I pray.

una tierra más grande que donde corro,
un río más amplio que donde rezo.

Pétalos

Hoy, una procesión en honor a San Isidro
y orar que Él bendiga
los campos con cosechas abundantes,
niños aferrándose a las manos abultadas
de tías que caminan tambaleantes
y abuelas voluminosas—refugios antiaéreos humanos ofreciendo
amor y seguridad a niños y niñas chicanas.

Nosotros cargamos canastas de pétalos
aventamos puños en el agua de la zanja mientras andamos,
nuestras palabras en cada arrojo,
pétalos
reacomodados,
se alejan lentamente en versos que giran
tocándose brevemente, entonces los renglones se rompen
estrofas-remolino enroscan
poemas-bocas, finalmente
asentándose en el surco de un campesino del valle sureño
para enriquecer la tierra para cultivar el maíz
para convertirse en una comida
en la boca de un niño.

Continuar

El presente
siempre pide una reorientación
de la vida afuera a nosotros—
por ejemplo, las ramas muertas a lo largo del río han sido para mí
símbolos de tristeza,
desdichadamente
arañando el cielo por sustento,

Petals

Today, a procession to honor San Isidro
and pray He bless
the fields with abundant crops,
children clinging to the bulky hands
of cumbersome-stepping aunts
and hefty grandmothers—human bomb shelters offering
love and security to Chicano boys and girls.

We carry baskets of petals
throw handfuls in the ditch water as we walk,
our words in each toss,
                petals
                rearranged,
drift away in swirling verses
touch briefly, then lines break
eddying stanzas whorl
mouth poems, ultimately
settling in a south valley farmer's furrow
                        to enrich the soil to cultivate corn
                        to become a meal
                        in a child's mouth.

Continue

                        The present
calls constantly for a reorientation
from the life outside of us—
        for instance, dead tree boughs along the river have for me
        been symbols of sadness,
        wretchedly
        clawing at sky for sustenance,
        a Mexican's hands digging scorched desert dirt for water.

Regret rims my heart
so fiercely all I can do
to contain composure

las manos de un mexicano excavando tierra desértica chamuscada en
busca de agua.

El arrepentimiento borda mi corazón
con tal ferocidad que lo único que puedo hacer
para mantener la compostura
es tomar el consejo
del animal o ave más cercano —
eso es lo que quiero, amar como ellos aman,
saber cómo vivir
de una forma que sea cierta:
ser dueño de la salvajez de mis modos —
despertando a la medianoche
la picazón de la lucha sabor ajo en mi lengua,
el temor ardiendo en mi estómago,
yo continúo.

No tengo sombra

Sentado aquí debajo de un árbol águila, no tengo sombra;
chamanes me contaron de
las leyendas árbol águila,
donde las águilas se juntan durante el invierno,
y yo empiezo a recoger plumas blancas de águila,
unas bonitas y pequeñas,
unas largas y anchas,
unas que se extienden desde la punta de mi dedo hasta
más allá que mi codo —
las curaré con tabaco, harina de maíz azul, en ceremonia
trenzar hilo rojo y azul y abalorios a la base,
rojo para sueños y visiones terrenales,
abalorios de turquesa para conectarlas al cielo,
luego darlas a los bailarines del sol
a cambio de sus oraciones.

Continúo, la mano izquierda llena de plumas,
la mano derecha alcanzando rocas, más alto
hasta que llego a un nacimiento de agua vertiendo

is take a cue
from the nearest animal or bird—
that's what I want, to love as they love,
to know how to live
in a manner that is true:
    own the wildness of my ways—
            waking at midnight
            the garlic sting of struggle on my tongue,
            fear burning in my stomach,
                            I continue.

I Have No Shadow

Sitting here below an eagle tree, I have no shadow;
            medicine men told me about
            eagle tree legends,
            where eagles gather during winter,
            and I start picking up white eagle feathers,
            beautiful small ones,
            long, wide ones,
            some reaching from the tip of my finger
                        past my elbow—
            I'll cure them with tobacco, blue corn meal, in ceremony,
            braid red and blue thread and beads at the base,
            red for earth dreams and visions,
            turquoise beads to connect them to sky,
            then give them to the sun dancers
                        in return for their prayers.

I continue, my left hand full of feathers,
my right hand clutching at rocks, higher
until I come to a source of water pouring
from soft grass and lichen moss stones,
gulp water at the womb,
lather my face, arms, neck, shoulders and hair,
dip the feathers in, close my eyes and sprinkle my entire body.
        My ancestors appear

de hierba suave y piedras cubiertas de moho,
trago agua de la matriz,
enjabono mi cara, brazos, cuello, hombros y pelo,
sumerjo las plumas, cierro los ojos y roceo mi cuerpo entero.
      Aparecen mis antepasados
      a unos pies de mí,
      en un árbol caído vistiendo faldas negras,
      lilas moradas en su pelo,
            por todo mi alrededor en el bosque
            el viento gime en los pinos gigantes.

Más arriba, donde convergen las rocas en tirones de un gaznate,
una mariposa se topa con mi dedo agarra-pluma,
            resbalo y empiezo a deslizarme de nalgas
            extiendo la mano izquierda buscando qué asir,
            agarro un cacto—
se mantiene,
pero mi palma sangra con dolor caliente como metal fundido,
espinas penetradas hasta el hueso,
      y trepo hacia arriba, plumas de águila en la mano derecha,
      dolor en la izquierda,
      por fin llego a tierra plana,
      quedo de pie en la cima—
vistas a mesas, valles, más cerca del sol
de lo que jamás he estado, llevando regalos—
            sangre en una mano, plumas en la otra.

Amo mi vida

      Anuncié
que tenía libros para regalar
      —que si alguien quería libros gratis
      que me encontrara afuera en el aparcamiento
y lo hicieron, y fue tan chistoso—
            los abuelitos de doscientas y trescientas libras,
            las abuelitas flacas, encaneciendo
            los abuelos flacos con barbas y brochas,
exclamando "oh" y "ah" frente a las cajas

a few feet away,
    on a fallen tree log in black skirts,
    purple lilacs in their hair,
            all around me in the forest
            wind groans in the giant evergreens.

Up further, where rocks converge in gullet heaves,
a butterfly bumps my feather clutching finger,
            I slip and start to butt-skid down
            reach my left hand out for something to hold,
            grab a cactus—
it holds,
but my palm bleeds molten hot with pain,
quills pierced to the bone,
        and I move up, eagle feathers in my right hand,
        pain in my left,
        finally reach level ground,
        I stand at the peak—
        overlooking mesas, valleys, closer to the sun
        than I've ever been, bearing gifts—
                blood in one hand, feathers in the other.

I Love My Life

        I announced
I had books to give away
        —if anyone wanted free books
        meet me outside in the parking lot
and they did, and it was so funny—
                two- and three-hundred-pound grandpas,
                skinny, graying grandmas
                abuelos flacos con barbas y brochas,
ohing and ahing over the boxes
of children's books donated to me by bookstores—
and here, because months ago I volunteered to be the librarian
at a school without books
to stock their shelves, to make sure they all had books—
                here I am at dawn

de libros para niños que las librerías me donaron—
y aquí, porque hace meses ofrecí ser el bibliotecario
en una escuela sin libros
para abastecer sus estantes, para asegurar que todos tuvieran libros—
        aquí estoy al alba
        con abuelos de sesenta y setenta años
        cargando montones de libros para llevar a sus nietos.
No sé cómo es que adornos navideños fueron a parar en una caja
pero algunos de los hombres y mujeres mayores, en sus ochenta,
se marchan, brazos llenos de libros de cuentos de hadas,
llevando coronas navideñas alrededor de sus cuellos y en sus cabezas
las mujeres colgando tela roja
que se usa para los mantos de la chimenea
        sobre sus hombros
        como los pañuelos que usan reyes y reinas—
esta gente pobre es majestuosa, llevando montones de reinos e ilusiones
para sus nietos, para imaginar que ellos también pueden tener y ser
y superar la pobreza
        a través de la lectura—
        amo mi vida,
        aquí a las seis de la mañana, regalando libros
        a gente que nunca los tuvo—
        ¡estoy bendecido!
        ¡Gracias Creador
        por el destino que me has dado!

El coleccionista de regalos

En la manera en que un topógrafo despliega un mapa en el cofre de su camioneta
y sigue las cordilleras y los valles con la punta de su dedo,
yo también conozco la tierra de mi corazón.
Colecciono cosas que mis amigos encontraron durante sus caminatas en el bosque
y dejaron conmigo—
detrás de la puerta principal está el bastón
que usó Efrén para sus caminatas al río.
En mi altar hay una ramilla recogida del
sendero con salvia hasta los hombros.
Las ramitas de salvia del Tío Jimmy, chamán del clan tortuga están ahí,

with sixty- and seventy-year-old grandparents
loading up armfuls of books to take back to their grandchildren.
I don't know how Christmas ornaments ended up in one box
but several of the older men and women in their eighties
walk off, arms bulging with fairy tale books,
wearing Christmas wreathes around their necks and on their heads,
the women draping red bunting cloth
used for fireplace mantles
over their shoulders
like scarves kings and queens wear—
these poor people are regal, carrying armfuls of kingdoms and dreams
for their grandchildren, to imagine they too can have and be
and break through the poverty
through reading—
I love my life,
here at 6:00 a.m., giving out books
to people who have never had them—
I am blessed!
Thank you Creator
for the fate you have given me!

The Gift Collector

In the way a surveyor lays out a map on the truck hood
and follows the ridges and valleys with his fingertip,
I too know the land of my heart.
I collect things my friends found on their walks in the bosque
and left with me—
behind the front door there is the walking stick
Efren used on his walks to the river.
On my altar is a twig picked from
the shoulder high sage brush path.
Turtle Clan medicineman Uncle Jimmy's sage sticks are there,
so is Cindy's gift to me of Our Lady of Chestehova,
and Indian poet Makadran's gift of Hanuman Ji Dave,
I pray before each morning, along with Lejia's
Virgen De Guadalupe retablo.
Other gifts from friends brim my altar—

también el regalo de Cindy para mí de Nuestra Señora de Chestehova,
el regalo del poeta Índio Makadran de Hanuman Ji Dave,
frente al cual rezo cada mañana, junto con el retablo de la Virgen de Guadalupe
de Lejia.
Otros regalos de mis amigos llenan mi altar—
bufandas, hebillas de cinturones, dientes, bolsas sagradas de tabaco,
manzanas y chocolate, sal sagrada de los zuni,
puntas de flecha de los anasazi, alfarería de los cevines,
tela roja de guerrero mexica, estatua del rey-poeta azteca,
calabazas, plumas, incienso, y mucho más
        que tiene por objeto ayudarme
      en mi viaje
   hacia mí mismo
   el altar más antiguo de todos
   donde pongo una sola cosa:
      el amor.

El amor no es más que letras
hasta que se encienden en tiempos de necesidad
tocan a tu puerta usando la cara
de amigos llevando ollas de comida porque tus despensas están vacías,
medicina porque estás enfermo,
dinero porque no alcanzas a pagar el gas,
sencillos abrazos para fortalecerte en tu lucha.

Otras veces, al crepúsculo, cuando en el cielo que oscurece toda la soledad del
mundo se convierte en meteorito de fuego y choca en tu pecho,
explotando contra el último cacho de esperanza,
el amor cae, una reliquia mugrienta recogida del suelo
recordándonos de un idilio,
un vestigio de la niñez cuando creábamos otros mundos
poblados con gente que guardábamos en el bolsillo y reservábamos en el frasco
para tostones del corazón;
     hoy el corazón está partido, avejentado y roto,
     una caja de cartón que hemos llevado lejos en nuestros viajes,
     en que guardamos monedas extranjeras,
     relojes rotos, botones, colgantes, llaveros,
     y al final del viaje,
      una tarde nublada con nieve inminente,
       un día gris,
       donde mujeres jóvenes en parkas encapuchadas pasean perros,

scarves, belt buckles, teeth, sacred pouches of tobacco,
apples and chocolate, sacred salt from the Zuni,
arrowheads from the Anasazi, pottery from the Cevines,
Mechica warrior red cloth, statue of the Aztec Poet King,
gourds, feathers, incense, and much more
               intended to assist
               me on the journey
        toward myself
        the most ancient of altars
        where I place only one thing,
            love.

Love is only letters
until they ignite during times of need
knock at your door wearing the face
of friends carrying pots of food because your cupboards are empty,
medicine because you are ill,
money because you can't meet your heating bill,
simple embraces to fortify you on your struggle.

Other times, at twilight, when all the loneliness of the world
becomes a meteorite fireball in the darkening sky and collides
into your chest, exploding against the fragment of hope still left,
love falls, a dirt-soiled relic picked from the ground
reminding us of a dreamtime,
a remnant from childhood when we created other worlds
populated with people we pocketed and saved in the penny jar
of the heart;
        today the heart is cracked, weathered and broken,
        a cardboard box we've carried far in our travels,
        keep foreign coins in,
        broken watches, buttons, pendants, key chains,
        and at journey's end,
        afternoon overcast with impending snow,
           a gray day,
           where young women in hooded parkas walk dogs,
           lovers lay in bed and reminisce
           about their wild days doing drugs and drinking,
           when sweet music eases and soothes the dusk
           to help us bear our mistakes with a smile,
              the old box of love

amantes yacen en la cama y rememoran
sobre sus días locos drogándose y tomando,
cuando música dulce tranquiliza y alivia el crepúsculo
para ayudarnos a soportar nuestros errores con una sonrisa,
la vieja caja de amor
que lanzamos en el río a la deriva
parados en la orilla mirándola desaparecer,
esperando que alguien, quizás
otro niño
la encontrará y guardará como un tesoro como lo hicimos nosotros.

Pero vuelve,
brilla como un espejismo de un extranjero
que vemos acercándose a nosotros desde un campo distante
encaminándose por la neblina,
hambriento, demacrado, envuelto en harapos,
saludándonos como si nos conociera,
rasgos demacrados consumidos a una espiritualidad básica,
ya no ansia salir de fiesta, ni drogarse, ni tomar, ni chingar toda la noche
sólo sentarse a cenar frente a nosotros en la mesa de nuestra cocina
y masticar el pan con apetito salvaje,
café negro, huevos con jamón, papas—
ojos taciturnos, cara desaliñada
sobre las bases elementales de la verdad y la compasión,
humildad rupestre en su comportamiento y palabras,
la manera en que este hombre hambriento limpia su plato
con un pedazo de pan, bebe la última gota de su café negro caliente,
agradece tu bondad,
se pone su gorra, mete los hombros a su chaqueta gastada
y se marcha por la carretera,
hundiéndose de nuevo en la neblina
mientras nos quedamos de pie en la puerta, mirándolo irse,
sabiendo que ésta es la única manera de conservarlo.

Lo que está roto es lo que dios bendice

para Jason

we set adrift in the river
standing at the banks watching it vanish,
hoping someone, perhaps
another little boy
will find it and treasure it as we have.

But it returns,
shimmers like a mirage of a stranger
we see coming at us from a distant field
making his way through the mist,
hungry, emaciated, bundled in rags,
waving to us as if he knows us,
features gleaned gaunt to a basic spirituality,
no longer craving to party, do drugs, drink, fuck all night
but to join us for dinner across the table in our kitchen
and gnaw with wild appetite on bread,
black coffee, eggs and ham, hash browns—
morose-eyed, scruff-faced
on fundamental groundings of truth and compassion,
cave-humility in his manners and words,
the way this hungry man wipes the plate clean
with a piece of bread, drinks the last drop of hot black
coffee,
says thank you for your kindness,
puts his cap on, shoulders into his worn jacket
and heads off down the road,
sinking into the mist again
as we stand at the door, watching him depart,
knowing that is the only way to keep him.

What Is Broken Is What God Blesses

for Jason

The lover's footprint in the sand
the ten-year-old kid's bare feet
in the mud picking chili for rich growers,
not those seeking cultural or ethnic roots,
but those whose roots

La huella del amante en la arena
los pies descalzos de un niño de diez años
en el barro cosechando chile para cultivadores ricos,
no aquellos que buscan raíces culturales o étnicas,
sino aquellos cuyas raíces
se han expuesto, cortado a hachazos, arrancado y quemado,
y en aquellas raíces
sí cavan los animales buscando calor;
lo que está roto se bendice,
no el conocimiento ni la sabiduría vacía
que se parafrasea de los libros de texto,
no la mímica ni placas de distinción
no los listones y medallas
pero después de que el carruaje privilegiado ha pasado
la brisa borra los vestigios de las ranuras dejadas por las ruedas
y en el polvo de nuevo estarán las huellas rotas de la gente.

Lo que está roto Dios bendice,
no la prisión perfecta ladrillo-sobre-ladrillo
sino la muralla destruida
que anuncia libertad al mundo,
proclama el espíritu irascible del humano
rebelándose contra las mentiras, contra la traición,
contra tomar lo que no se merece;
la queja humana es lo que bendice Dios,
nuestras carreteras de tierra empobrecidas llenas de lisiados,
lo que está roto está bautizado,
el incrédulo irreverente,
el brazo del drogadicto con las marcas de la aguja como costuras
es una línea de hilo de una manta
deshilachada y gastada por haber mantenido al hombre abrigado.
Todos somos adornos rotos,
brillando en nuestros guantes de trabajo desgastados,
hogares embargados, matrimonios deshechos,
desde donde brillan con luz trémula nuestras vidas en sus realidades más
profundas,
sangre de la herida,
adornos rotos—
cuando perdimos nuestra perfección y honramos nuestros sentimientos
imperfectos, fuimos bendecidos.
Rotos son los guetos, barrios, complejos de casas rodantes donde las pandillas se

have been exposed, hacked, dug up and burned,
                    and in those roots
                    do animals burrow for warmth;
what is broken is blessed,
            not the knowledge and empty-shelled wisdom
            paraphrased from textbooks,
                    not the mimicking nor plaques of distinction
                    nor the ribbons and medals
but after the privileged carriage has passed
            the breeze blows traces of wheel ruts away
            and on the dust will again be the people's broken footprints.

What is broken God blesses,
            not the perfectly brick-on-brick prison
            but the shattered wall
            that announces freedom to the world,
proclaims the irascible spirit of the human
rebelling against lies, against betrayal,
against taking what is not deserved;
            the human complaint is what God blesses,
            our impoverished dirt roads filled with cripples,
what is broken is baptized,
            the irreverent disbeliever,
            the addict's arm seamed with needle marks
                    is a thread line of a blanket
            frayed and bare from keeping the man warm.
We are all broken ornaments,
                    glinting in our worn-out work gloves,
                    foreclosed homes, ruined marriages,
from which shimmer our lives in their deepest truths,
blood from the wound,
                            broken ornaments—
when we lost our perfection and honored our imperfect sentiments, we were
blessed.
Broken are the ghettos, barrios, trailer parks where gangs duel to death,
yet through the wretchedness a woman of sixty comes riding her rusty bicycle,
                    we embrace
                    we bury in our hearts,
broken ornaments, accused, hunted, finding solace and refuge
            we work, we worry, we love
            but always with compassion

baten a duelo mortal,
aún así a través de la miseria una mujer de sesenta pasa andando en su bicicleta
oxidada,
abrazamos,
enterramos en nuestros corazones,
adornos rotos, acusados, cazados, encontrando consuelo y refugio
trabajamos, nos preocupamos, amamos
pero siempre con compasión
reflejando nuestras bendiciones—
en nuestro estar rotos
florece la vida, florece la luz, florece
la esencia de nuestra fuerza,
cada uno de nosotros un fragmento tibio,
roto del adorno más grande
de lo oculto,
luego reunido cuán polvo,
a todo esto.

reflecting our blessings—
in our brokenness
thrives life, thrives light, thrives
the essence of our strength,
each of us a warm fragment,
broken off from the greater
ornament of the unseen,
then rejoined as dust,
to all this is.

Índice de títulos y lineas primeras / Index of titles and first lines